PAUSE 퍼즈

**옮긴이 김윤재**

연세대학교 인문학부에서 국문학과 영문학을 전공했고, 현재 출판기획과 번역에 종사하고 있다. 활자매체가 생존을 위협받는 디지털세상에서도 책과 사람 사이에 다리를 놓는 일을 계속하고자 한다. 옮긴 책으로 『트리거』, 『숙제의 힘』, 『TED처럼 말하라』, 『이것이 철학이다』가 있다.

# PAUSE

# PAUSE

# 퍼즈

## 노력을 이기는 일시정지의 힘

레이첼 오마라 지음 · 김윤재 옮김

다산
북스

# PAUSE

## 추천의 글

주디스 라이트Judith Wright
**인생의 참된 변화를 모색하는 '라이트 연구소' 설립자**
**미국에서 가장 인기 있는 자기계발 분야의 권위자**

# 내 삶을 존중하는 최고의 기술

Pause(일시정지). 듣는 이로 하여금 깊은 숨을 몰아쉬게 하는 단어다. 평소에 당신은 삶에 여유가 없고, 너무 앞만 보고 달린다는 기분을 얼마나 자주 느끼는가? 마치 꿈을 잊고 사는 듯 아무런 의미도 목적도 없이 인생을 '살아내고 있다'는 느낌을 희미하게나마 가지고 있을 것이다. 불행하게도 이러한 삶 속에서는 우리가 진정으로 원하는 기쁨과 만족을 얻을 수 없다.

만약 당신이 삶에서 정말로 중요한 무언가를 되찾고자 한다면, 바쁘게 내달리는 일상의 중간에서 잠시나마 멈춰 서서 깊은 숨을 들이쉬거나 그 중요한 무언가에 집중해볼 필요가 있다. 이 책에서 레이첼 오마라는 바쁨에 치여 완전히 무감각해진 당신의 정신을 각성시킬 수 있는 일시정지 방법들을 풍부하게 제시한다. 일시정지의 순간은 단 몇 분에 그칠 수도 있고, 몇 달이나 수년에 걸쳐 지속될 수도 있다. 그녀가 이 책에서 소개한 일시정지 방법들은 오랜 세월에 걸쳐 자신이 몸소 체험한 깨달음으로부터 빚어진 놀라운 통찰이다.

레이첼은 이 책에서 일시정지를 이렇게 정의한다. '의도적으로 행동을 변화시켜 태도와 사고, 감정 등 정신적인 변화를 가능케 하는 것.' 즉, 일시정지란 행동을 변화시키지 않고서는 절대로 얻을 수 없는 '마음의 변화'다. 우리는 때때로 자신의 현재 상태를 점검하고, 바쁜 삶에서 한발 물러나 지금껏 무심하게 넘겨들었던 내면의 소리에 귀를 기울일 필요가 있다. 이렇게 함으로써 자신의 진실한 감정과 오랜 시간 잊혀져왔던 내면의 갈망을 마주할 수 있다. 무엇보다도 일시정지가 당신에게 진정으로 필요한 이유는 자신의 의욕과 에너지를 완전히 소진해버리거나 삶의 목표를 잃어버리기 전에, 지금의 삶을 새로운 시각으로 바라보고 다른 길을 찾아볼 수 있게 한다는 점이다. 일시정지는 이렇게 우리의 삶을 '몽유병의 상태'에서 벗어날 수 있도록 도와준다. 더불어 일상의 맥이 풀리고, 하루하루가 불만족스럽고, 앞으로 나아가야 할 방향이 보이지 않으며, 벽에 꽉 막혀버린 것 같은 답답함에 빠져 있다면 일시정지를 통해 진정한 자아를 되찾고, 자신이 원하는 일을 찾으며, 만족과 기쁨을 향한 여정으로 삶의 방향을 재조정할 수 있다.

레이첼의 삶은 '일시정지' 그 자체다. 처음 만난 순간부터 지금까지 그녀는 항상 배우고 성장하며 리더로서 겪는 자신의 한계를 극복해왔다. 벽에 부딪힐 때마다 잠시 멈추고, 그 시간을 통해 한 단계 더 발전하는 그녀의 모습을 보며 크나큰 즐거움을 느꼈다. 바쁜 와중에도 마음의 깊이를 더하고, 자신과 타인과의 관계 속에서 충만함을 느끼며 그렇게 자기 삶을 지켜냈던 것이다. 그녀가 이 책을 통해 전하는 일시정지의 방법들은 절박했던 순간마다 그녀를 벼랑 끝에서 구해준 동아줄이었다. 그녀는 그토록 힘겹게 얻어낸 지혜를 과거 그녀의 모습처럼 살아가는 수많은 현대인에게 나누어주고자 한다.

나는 그간 일과 인간관계, 개인적인 성장과 사회 기여의 측면에서 최고의 성과를 거둔 사람들을 연구해왔다. 이를 통해 '성공적인 인생을 누리는 사람들은 모두 일시정지의 대가다'라는 사실을 발견해냈다. 그들은 삶의 매 순간마다 자기 내면의 진정한 갈망을 점검하고, 자신의 가치와 원칙에 따라 하루하루를 살았다. 단지 돈을 더 많이 벌거나 명예를 쌓기 위해서가 아니라, 자신의 갈망을 채우기 위해 어떻게 살아야 하는지를 알고 있는 셈이었다. 그런 사람들은 자신의 행동을 보다 더 위대한 일에 바치는 법도 알고 있었다. 일시정지를 '삶의 방식'으로 결정하고 적용한 덕분이었다.


일시정지는 마치 오케스트라가 콘서트 전에 최상의 하모니를 낼 수 있도록 악기를 '튜닝'하는 작업과 비슷하다. 즉, 모든 일에서 최상의 결과를 얻을 수 있도록 헝클어진 몸과 마음을 재정비하는 시간인 것이다. 레이첼은 자신의 도전과 좌절, 다양한 연구 사례와 심리학적 지식을 바탕으로 우리가 언제 어떻게 삶의 '튜닝포인트Tuning point'를 가져야 하는지 그 방법을 알려준다. 누구라도 그녀의 이야기를 읽으면 '나도 할 수 있어!'라는 자신감을 얻을 수 있을 것이다.

물론 일시정지의 시간을 갖기 위해 반드시 히말라야의 외진 동굴로 떠나야 하는 것은 아니다. 이제껏 쌓아온 소중한 경력을 버리거나, 인간관계를 새로이 만들어야 하는 것도 아니다. 일시정지는 말 그대로 '잠깐의 멈춤'이다. 완전히 새로운 삶을 시작해야 한다는 의미가 아니다. 인생은 매 순간 서로 이어지기 마련이고, 일시정지는 바로 그 순간순간을 더 의미 있게 보낼 수 있도록 도와주는 연결 장치다. 그래서 만약 당신의 삶이 올바른 경로를 벗어났더라도, 잠깐의 일시정지를 통해 내면을 들여다보고 인생을 재정립할 수 있다.

레이첼은 이 책을 통해 생각 없이 사는 사람들 혹은 남들이 좋다고 말하는 공식대로 살아가는 이른바 '몽유병 환자'들에 대해 이야기할 것이다. 몽유병 환자들은 자신의 갈망을 충분히 충족시키지 못한 채 매 순간 무언가 잘못되어간다는 느낌을 가슴에 안고 산다. 그들은 일과 인간관계, 혹은 그 무언가로 인해 완전히 진이 빠져버려서 지금의 상황을 벗어나고자 하는 욕구와 함께 다른 일을 시도해보려는 생각으로 가득하다. 일시정지는 이러한 몽유병의 상태에서 깨어나 스스로 의식을 갖고, 의미 있고 가슴 뜨거운 삶을 살며, 나를 최고로 존중할 수 있게 도와주는 삶의 기술이 될 것이다.

이 책을 통해 당신도 삶의 순간순간마다 일시정지의 시간을 갖고, 자기 내면에서 들려오는 간절한 목소리에 귀 기울여보기 바란다. 존재와 사랑, 과시와 이해, 배움과 성장, 도전과 경험, 표현과 창조 등 우리 내면 깊숙한 곳에 존재하는 갈망을 느껴보라. 충족되지 못한 갈망은 자신의 존재를 드러내기 위해 계속 소리칠 것이다. 마치 바짓가랑이를 붙잡고 놓아주지 않는 어린아이처럼 영혼에 관심을 가져달라며 끊임없이 나 자신을 자극할 것이다. 만약 우리가 잠시 멈춰서 이러한 외침(불만족)에 관심을 기울이지 않는다면, 영영 그 실체를 파악할 수 없음은 물론 불만족스러운 기분을 끌어안은 채 삶을 살아가게 될 것이다.

그러니 생각 없이 사는 삶을 그만두고 일상의 고단함 밑에 숨겨진 진짜 '나'를 발견하기 위해 일시정지하라! 이 책을 통해 그토록 열망하던 나 자신이 되어보기를 간절히 바란다.

# PAUSE

서문

# 방향을 잃은 당신의 삶에
## '일시정지'를 허락하라!

4년 전 나는 구글<sup>Google</sup>의 고객지원 부서에서 관리자로 근무하고 있었다. 모든 친구들이 부러워하는 자리에 올랐지만, 사실 그때의 나는 매우 비참한 상태였다. 내 머릿속에는 온통 '일'에 대한 생각뿐이었다. 친구의 집에 초대받아 갔을 때에도 모두가 즐겁게 대화를 나누는 와중에 나 혼자만 멀찌감치 떨어져 이메일을 체크하고 밀린 회사 일을 걱정하느라 정신이 없었다.

결국 몸과 마음에 한계가 왔다. 이른바 '번아웃 증후군<sup>Burnout syndrome</sup>(의욕적으로 일에 몰두하던 사람이 극도의 신체적·정신적 피로감을 호소하며 무기력해지는 현상)'이 내 삶을 송두리째 덮쳤다. 정신적 공황 상태에 빠졌고, 도무지 마음을 다잡을 수 없었다. 스스로를 향한 부정적인 평가도 너무 심

011

각해진 나머지 자존감이 바닥을 쳤고, 부진한 실적 때문에 상사로부터 지속적으로 경고도 받았다. 퇴직을 고려하기에는 아직 이른 나이였지만, 이런 식으로는 도저히 일을 계속할 수 없었다. 무언가를 내려놓지 않으면 안 되는 그런 시기였다.

스스로 완전히 무너져 내리기 직전에 이르러서야 비로소 나는 내 삶을 '의미 있는 시선'으로 바라보아야 한다는 사실을 깨달았다. 내가 '일시정지Pause'라고 부르는 바로 그 순간이 찾아온 것이었다. 다행히도 구글은 직원들에게 무급 휴직을 허락하는 전 세계 15퍼센트의 글로벌 기업 중 하나였다. 기존의 판에 박힌 일상에서 벗어나 나 자신을 해방시키고, 내 마음이 향하는 방향에 따라 생각과 행동을 바꿔나갔다. 일시정지의 기간 동안 나는 '현재를 충만하게 사는 기술'을 배웠는데, 이전에는 결코 그러한 삶에 대해 이해하지 못했다.

나를 비롯해 거의 모든 사람이 일생에 한 번은 '일시정지'가 필요한 순간을 겪는다. 여기서 좋은 소식 하나를 알려주겠다. 누구나, 언제든지, 마음만 먹으면 '멈출 수 있다'는 사실이다.

나는 대단히 운 좋게도 무급 휴직을 허락하는 회사에 다녔지만, 가치 있는 일시정지를 경험하기 위해 반드시 일이나 직장을 그만두어야 하는 것은 아니다. 사실 일시정지에 있어서 '시간의 양'은 크게 중요하지 않다. 그 시간을 얼마만큼 가치 있게 활용하느냐, 즉 '시간의 질'이 더욱 중요하다. 나는 일시정지를 이렇게 정의한다.

일시정지 … 의도적으로 '행동'을 변화시켜 태도와 사고, 감정 등 '정
신'적인 변화를 가능케 하는 것

일시정지는 '단 5분간의 산책'이나 '하루 종일 스마트폰으로부터
벗어나기'와 같이 단순하고 짧은 경험일 수도 있다. 시간을 갖고 자
기 내면의 소리를 들을 수 있는 공간을 확보하는 일, 보다 의미 있고
충만한 삶을 살기 위해 내면의 소리에 행동을 일치시키는 일, 이것
이 바로 내가 말하는 '진정한 일시정지'다. 짧은 멈춤의 순간을 통해
당신은 무엇이 자신의 의욕을 불러일으키는지 알 수 있고, 진정으로
동경하는 삶의 모습을 그려볼 수 있다. 그리고 자신의 성장을 저해
하는 '제한적 신념Limiting belief(자신에게 제동을 거는 부정적 신념)'을 변화시
킬 수 있고, 이성적인 판단을 하지 못한 채 감정에만 휩쓸려 불안과
분노를 느끼게 되는 '편도체 납치Amygdala hijack(편도체가 과잉 활성화 되고
전두엽 기능이 저해되는 상태)' 현상에서 벗어날 수 있다. 또한 당신의 삶에
영향을 미치는 타인과의 관계도 긍정적으로 발전시킬 수 있다.
　당신은 이 책을 통해 자신만의 일시정지를 계획하는 법에 대해 배
우게 될 것이다. 그리고 일시정지가 우리를 더욱 책임감 있게 만들
고, 소통 능력과 감성 지능을 강화시킨다는 심리학적 연구 결과에
대해 수긍하게 될 것이다. 뿐만 아니라 일시정지를 경험한 다른 사
람들의 이야기에서도 배울 점이 많다. 그들 중에는 직장에서 해고되
는 바람에 어쩌다 보니 일시정지의 힘을 체험한 사람도 있고, 반대

로 일상생활을 유지하면서 의도적으로 일시정지를 위해 시간과 공간을 마련한 사람도 있다. 당신에게 일시정지가 필요하다는 신호를 알아차리는 법, 일시정지의 순간에 대처하는 법, 여러 일시정지의 유형, 의미 있는 일시정지를 창조하기 위한 법, 일시정지를 끝낸 후 깨끗한 마음을 갖고 일상으로 복귀하는 법, 일시정지를 내 삶 속에서 지속적으로 실천하는 법도 이 책에서 모두 만나보기 바란다. 무엇보다도 일시정지를 삶의 기술로 익혀두면 '몽키 마인드(정말로 중요한 일에 집중하지 못하게 만드는 무의식적 수다)'에서 벗어나 당신의 내면이 외치는 갈망과 욕구에 귀 기울일 수 있다.

만약 당신이 고립감을 느끼고 있거나, 인생의 쳇바퀴 속에서 갈 곳을 잃었다면, 혹은 중심을 잡지 못한 채 흔들리고 있다면 지금 바로 이 책을 읽어야 한다. 내가 당신에게 반드시 내 이야기를 들려주어야 할 만큼 '일시정지'는 강력한 경험이다. 이 책을 통해 당신이 일시정지의 순간을 누리고, 더 충만하고 만족스러운 삶을 살기 바란다. 지금처럼 자신을 소진시키지 않고도 인생을 살아갈 수 있는 길이 존재한다. 삶의 물길을 되돌릴 수 있는 방법이 분명 있다. 그것이 바로 일시정지가 가진 강력한 힘이다.

레이첼 오마라

잠시 멈추는 그 시간 속에
지혜가 숨어 있다.

– 앨리스 워커Alice Walker, 미국의 대표적인 흑인 여성 작가

# 1장

# 하루하루가
# '털리는 일'의 연속

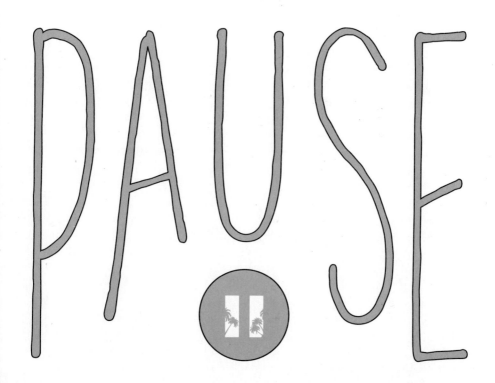

잠깐의 멈춤을 모르는 사람은
브레이크가 없는 자동차 같아서
위험하기 짝이 없다.

- 헨리 포드Henry Ford, 미국의 자동차 회사 '포드' 설립자

# PAUSE

Ⅱ            1995년 가을, 나는 직장인으로서 사회에 첫발을 내딛었다. 그로부터 3년 동안 뉴욕 브루클린에서 가장 아름답고 유서 깊기로 유명한 프로스펙트 공원의 맞은편에서 살았다. 매일 아침마다 나는 한 시간 거리에 있는 맨해튼 중심가로 출근했다. 하늘과 맞닿은 고층빌딩들과 그 빌딩 꼭대기를 향해 고개를 길게 빼든 관광객들이 넘쳐나는 곳이었다. 내 직장은 전 세계적으로 유명한 로케츠 Rockettes 무용단이 공연을 했던 라디오시티 뮤직홀에 위치해 있었다. 그리고 바로 옆에는 록펠러센터와 내가 너무나 아꼈던 록펠러센터 아이스링크가 있었다. 나는 점심시간이 되면 그곳으로 나가 금빛 동상 주위를 도는 스케이터들을 지켜보곤 했다. 그때 내 마음속은 영감으로 가득 차 있었다. 마치 세상을 움직이는 거대한 비즈니스의 궤도 위에 올라탄 기분이었다. 당시에 나는 스물세 살이라는 어린 나이에 뉴욕 중심가에서 일하고 있었고, 말하자면 모든 면에서 성공을 거둔 셈이었다.

023

# 오직 나만 느끼는 내 삶의 삐걱거림

하지만 이러한 외적인 성공에도 불구하고 내 일상은 나사가 하나 빠진 것처럼 삐걱거렸다. 매일 밤 불만족스러운 상태로 집에 돌아오기 일쑤였다. 기차를 타고 출퇴근하는 동안에도, 사무실로 들어서는 순간에도, 힘들게 번 돈으로 주말에 파티를 즐기면서도 만족감을 느끼지 못했다. 몸과 마음이 너무나 바빴지만 무언가 해야만 하는 일을 하지 못하는 것 같은 찜찜한 기분이 들었다.

그다음 해 봄, 나는 오래전부터 열정을 쏟았고 특기이기도 했던 조정(노를 저어서 그 속도로 순위를 정하는 수상경기)을 다시 시작했다. 내가 속한 클럽의 선수들은 국가대표를 목표로 매일 이른 새벽마다 경기장에 모였다. 그러고는 분홍빛과 노란빛으로 뒤섞인 벨벳 줄무늬가 아침 하늘을 수놓을 때까지 노를 저었다. 당시에는 미처 알지 못했지만, 나는 조정을 통해 '내 생애 첫 번째 일시정지'를 경험했다. 노를 저을 때마다, 숨을 들이쉬고 내쉴 때마다 일시정지의 순간이 발생했다. 그때만큼은 진정으로 삶이 만족스러웠다. 그리고 조정은 내게 어떤 일이 벌어지더라도 '현재를 즐기는 법'에 대해 알려주었다. 나는 그렇게 얻은 감정을 지닌 채 고단한 하루를 버텨낼 수 있었고, 잔뜩 흥분된 마음으로 다음 날 아침을 기다리곤 했다.

나는 조정과 사랑에 빠짐으로써 직장생활에서도 더 많은 성취를 원한다는 갈망을 깨닫게 되었다. 조정에 열중하는 순간처럼 사무실에서도 강렬한 열정을 느끼고 싶었다. 당시에 나는 급성장하는 인터넷 관련 기업에 관심이 많았다. 그래서 여러 회사에 지원서를 넣었고, '더블클릭DoubleClick'이라는 유망한 스타트업 기업으로 이직하여 커리어를 쌓아나갔다.

그렇게 몇 년이 빠르게 흘러갔다. 나는 또다시 새로운 변화를 원했다. 이번에는 10년 동안의 뉴욕 생활을 청산하고 더블클릭의 샌프란시스코 지사로 자리를 옮겼다. 이른바 '변화의 시기'였다. 나는 샌프란시스코라는 도시의 아름다움과 사람들의 라이프스타일, 혁신 기업들의 기술에 완전히 매료되었다. 그리고 3년이 지난 후 운 좋게도 회사가 구글에 매각되었다.

커리어뿐만 아니라 개인적인 일들도 술술 풀렸다. 샌프란시스코로 이주한 지 9개월 만에 남자친구 더그를 만났고, 그로부터 몇 개월 후에는 여성 리더십 강의에서 평생의 아군이 되어줄 친구들을 사귀었다. 내 성공 스토리는 동부의 뉴욕에서 시작해 서부의 샌프란시스코까지 미국의 양쪽 해안을 가로지르며 자연스럽게 이어졌다. 내가 일궈낸 삶에 충분히 감사하고 만족하는 마음이었다.

이런 생활이 5년 동안 이어졌다. 하지만 커리어적인 면에 있어서 나는 다시금 새로운 도전에 목말랐다. 갓 MBA(경영전문대학원) 과정을 수료한 이들처럼 나도 조직과 사람들을 관리하는 일에 도전해보고 싶었다. 그래서 외부 광고 회사와 협업해 자사 제품을 홍보하는 '고객지원팀' 팀장 자리에 지원하기로 결심했다.

적게는 네 명, 많게는 열한 명의 직원으로 구성된 고객지원팀을 이끈 지 단 6개월 만에 내 성과와 능력은 한계에 직면하고 말았다. 새로 부임한 상사로부터 '내 능력이 팀장들의 평균에도 미치지 못하며, 팀원들과 제대로 소통하지 못한다'는 질책을 받았다. '괜한 결정이었을까……' 새로운 도전을 결심한 나의 결정에 대해 의구심이 들기 시작했고, 내 직업과 직책에 있어 진정한 성공이 무엇인지도 혼란스러웠다. 직장생활을 시작한 이래 처음으로 성과가 부진하고, 구글에서 성공하기 위해서는 변화해야 한다는 평가를 받고 있었다.

대체 그동안 내게 무슨 일이 벌어진 걸까? 이전에는 승승장구만 거듭하던 내가 도대체 무엇을 잘못한 것일까? 구글에서 2년을 보냈으니 이제는 떠나야 할 때가 온 것일까? 늘 자신감 넘치고 성공한 커리어우먼이었으며 매년 칭찬만 받고 승진을 이어오던 내가 어쩌다가 이런 실패 속에서 허우적대는 만신창이가 되고 만 것일까? 그즈음 5년째 사귀던 남자친구 더그와의 관계도 뒤틀리기 시작했다. 진전이 없는 관계 속에 서로가 갇혀버린 것이었다.

연인 사이에 흔히 발생한다는 일종의 '권태기'였을지도 모르겠으나, 하여간 그때의 나는 비참하고 활기를 잃었으며 완전히 무너진 상태였다. 어디에서 전환의 계기를 찾아야 할지 전혀 알 수 없었지만, 내게 문제가 발생했다는 사실만큼은 확신할 수 있었다. 삶의 목적과 방향을 완전히 잃어버린 것 같은 기분이었다. 회사 일에 전념하는 것도, 남자친구와의 얽히고설킨 관계도 모두 내 인생을 가로막는 장애물처럼 느껴졌다.

이 새롭고 어려운 과제를 풀어내기 위해 수없이 노력했지만, 결국에는 아무런 소용이 없었다. 구글이 제공하는 직원 훈련 프로그램을 모두 이수했지만 내게 돌아온 것은 '소통 능력과 임원으로서의 존재감이 부족하다'는 날 선 평가뿐이었다. 실제로 나는 팀장으로서 우리 팀이 맡은 프로젝트에서 이렇다 할 성과를 이루어내지 못했고, 아이디어를 실행하고 회사에 공헌했다는 실적도 보여주지 못했다. 몇 개월에 걸쳐 이어진 역량 평가 끝에, 결국 "개선된 것이 하나도 없다"는 피드백을 받아야 했다.

스스로를 향한 부정적인 평가도 심각한 수준이었다. 상사의 기대치를 만족시킬 수 있을지 확신이 서지 않았고, 업무만큼이나 개인적인 인간관계에서도 꽉 막혀버린 것 같은 생활이 이어졌다. 나는 팀을 한 단계 더 발전시킬 의무가 있었고, 팀원들에게 건설적이고 생산적인 피드백을 제공해야 했다. 하지만 어디서부터 어떻게 손을 대야 할지 알 수 없었다. 문득문득 내 자신이 패배자처럼 느껴졌다. 저녁에 퇴근한 뒤에는 더그와 저녁을 먹는 내내 눈물범벅 되는 일이 일상처럼 반복되었다.

당시에 내 정신 상태는 그야말로 '엉망'이었다. 하루하루가 지날수록 자신감과 자존감이 뚝뚝 떨어졌다. 그리고 어느 봄날 아침, 직속 상사인 마가렛으로부터 호출을 받았다. 나는 피곤에 지치고 당황한 채로 차갑고 메마른 회의실에 그녀와 마주 앉았다. 그녀는 나의 행동과 성과, 노력에 변화가 필요하다는 다수의 보고서에도 불구하고 "일이 제대로 돌아가고 있지 않으며 개선된 점이 하나도 없다"는 평가를 전했다. 그러고는 이렇게 말했다.

"레이첼, 안타깝지만 당신은 구글에서 완전히 실패하고 있습니다. 당장 건물을 나가도록 하세요."

오랜 대화 끝에 마가렛은 내게 두 가지 선택지를 주었다. 더 추해지기 전에 새로운 직책을 찾아보거나, 해고될 때까지 그 자리에 버티면서 계속 평균 이하의 성과 평가서를 받거나. 거기에 더해 90일 동안의 재활 프로그램까지 이수해야 했다. 두 가지 제안 모두 유쾌하지 않은 선택지였다. 나는 어깨를 축 늘어뜨린 채 회의실을 빠져나왔다. 뭔가 단단히 오해받은 기분이었다. 일이 잘 풀리지 않은 것은 분명 노력이나 열정이 부족해서가 아니었다. 당장 다음 주 사업 계획에 대한 보고서를 제출해야 했지만, 어지럽고 불편한 정신 상태로는 아무런 결정도 내릴 수 없었다.

그날은 마치 탈선한 기차처럼 당혹스럽고 우울한 마음을 안은 채 퇴근을 했다. 고객지원팀 팀장을 맡기 전의 나는 항상 최고의 성과를 냈다. 회사의 기대도 한 몸에 받았다. 그런데 어쩌다가 이렇게 박한 평가를 받게 되었단 말인가? 성공을 향한 노력에도 불구하고 왜 일이 엉망진창 되어버린 것일까? 나는 그날 저녁 집으로 돌아오면서 '만약 구글을 그만두면 당장 다음 주 월요일에 어떤 일이 벌어질지' 궁금해졌다. 주말 동안 새로운 직장을 알아보아야 하나? 아니면 평판이 망가지고 자존심에 상처를 받았음에도 계속 구글에서 버티며 다른 자리를 물색해야 할까? 나는 두 가지 선택지 사이에서 결론을 내리지 못하고 갈팡질팡했다. 물론 새로운 대안을 생각해낼 만큼 멀쩡한 정신 상태도 아니었다. 현재 나의 상황에 변화가 필요했지만, 무엇을 변화시켜야 할지 알지 못했다.

그리고 토요일 오후에 가장 친한 친구인 캐슬린과 수에게 영상 통화를 걸었다. 내가 그동안 겪은 숱한 낭패와 좌절감을 설명하던 와중에 문득 기발한 아이디어 하나가 떠올랐다.

"구글에는 안식년 제도가 있어. 그것을 신청해야 할까 봐."

수신호가 약해진 탓인지 친구들의 말문이 막힌 탓인지 전화기 반대편에서는 잠깐의 침묵이 흘렀다. 하지만 대체로 친구들은 내 아이디어에 동의해주었다. 수는 자신과 함께 해변에 나가 놀거나 유럽으로 여행을 가서 잠깐의 휴식 시간을 갖자고 말했다. 모든 아이디어는 실험해볼 만한 가치가 있다는 말과 함께.

"있잖아, 레이첼. 내 멘토였던 직장 상사가 한번은 내게 '만약 실패하지 않으리라는 보장이 있다면 무엇을 하겠느냐?'라고 물었을 때 내가 뭐라고 대답했는지 아니?"

"그때 '적어도 이 회사를 다니지는 않을 거예요'라고 말했지?"

나는 웃음을 터트리며 대답했다. 수가 말을 이었다.

"그러니까 내 말은 '실패를 미리부터 걱정할 필요가 없다'는 뜻이야. 무엇을 해야 할지, 어떤 결정을 내릴지 너 스스로만 제대로 이해하면 된다는 말이지. 네가 실패할 거라고 생각하지 않으면 실제로 실패는 일어나지 않을 거야."

나는 그녀의 놀라운 통찰에 감탄했다. 나의 직장생활이 실패하지 않도록 친구들이 응원을 보내주는 사이, 내 마음속에는 휴직을 해야겠다는 열망이 더욱 선명해졌다. 물론 경영진의 허락이 필요한 일이었고 휴직 기간 동안은 월급을 받을 수도 없었지만 회사의 복지 혜택만큼은 계속 누릴 수 있었다. '일시정지의 시간.' 그것은 지금껏 내가 기다려온 일종의 '허가서'와 같았다. 다음 단계로 나아가기 위해 반드시 필요한 재정비의 시간이었다.

## 과감하게 일시정지 버튼을 눌러야 할 순간

친구들과의 통화 이후 남은 주말 내내 휴직 계획에 대한 단꿈을 꾸며 시간을 보냈다. 구글의 규정을 살펴보니 무급 휴직 기간은 총 90일이었다. (무려 90일이라니!) 그 시간 동안 나 자신을 다시 일으켜 세워야겠다는 의무감이 생겼고, 인생의 목적도 새로이 발견할 힘이 샘솟았다. 비뚤어진 삶의 방향타를 조정하고, 구글이나 다른 곳에서 새로운 직책도 얻을 수 있으리라. 당장 체크아웃을 하고 아무것도 하지 않고자 하는 강렬한 유혹을 느꼈다.

'일시정지의 시간 동안 내가 진정으로 원하는 일이 무엇인지 파악하고, 그 일을 시작할 수 있을 것이다. 내가 그토록 되고 싶었던 자존감도 회복되겠지. 아마 미지로의 여행을 즐길 수도 있을 것이다.' 멀게만 느껴졌던 모든 일이 당장 실현할 수 있을 만큼 가까워 보였고, 일주일 만에 처음으로 미소 지을 수 있었다. 재정적인 부분도 걱정거리가 아니었다. 원래 나는 검소한 가정에서 자랐고, 브루클린에서 일할 때에는 박봉으로 생활했던 덕분에 무급 휴직 기간에도 충분히 잘 살아낼 수 있을 만한 마음의 근육이 있었다. 또 어려운 순간을 견딜 수 있는 현금도 어느 정도 모아둔 상태였다.

이제 남은 일은 상사인 마가렛으로부터 휴직을 허락받는 일이었다. 나는 출근을 하자마자 그녀의 방을 찾아가 내 의견을 분명하고 솔직하게 이야기했다.

"이 시점에서 제게 필요한 최선의 해결책은 '장기 휴직'이라고 생각합니다. 구글의 휴직 관련 규정을 살펴보았고, 그것이 지금 제게 꼭 필요하다는 결론을 내렸습니다. 지금 저는 앞으로의 커리어에 대해 올바른 판단을 내릴 수 없을 만큼 완전히 탈진한 상태입니다. 몸과 마음의 재정비가 필요한 시점이므로, 90일 동안의 휴직을 신청하고 싶습니다."

그녀는 경영진에게 보고하겠다는 약속을 하면서 반드시 승인이 될 거라는 확신을 주었다. 동시에 자신도 한 가지 조건을 내걸었다.

'휴직 이후 지금의 자리로 돌아오지 않을 것.' 나는 그녀의 조건에 흔쾌히 동의했고, 6주 동안 후임자를 물색한 뒤 업무를 인수인계하기로 했다. 내 인생의 새로운 모험이 그해 6월에 막 시작될 예정이었다.

나는 마치 개학을 앞둔 여고생처럼 들뜬 마음을 안고 여름 동안의 계획을 그려보았다. 90일 동안 내 커리어의 다음 페이지를 준비할 수 있다니, 마치 신이 보내준 선물을 받은 기분이었다.

직감적으로 내 앞에 지금과는 다른 거대하고 멋진 일들이 기다리고 있음을 알 수 있었다. 내딛는 발걸음마다 경쾌하고 가벼웠다. 더 이상 부정적인 생각의 고리 속에서 비참하게 허우적대는 일은 없을 것이다. 나는 실로 오랜만에 큰 행복을 느꼈다. 그렇게 그간의 실패와 좌절을 멀리 떠나보낼 준비를 마쳤다.

누군가를 배려하는 것만큼 중요한 일은 '나 자신'을 배려하는 것이다. 기존의 쳇바퀴 같은 일상에 집착하거나, 길을 잃은 나를 불안한 상태로 내버려두는 대신 휴식하고, 명상하고, 지친 삶을 회복하라. 진정한 일시정지는 나를 배려하는 일이며, 다시 힘을 내어 달릴 수 있도록 불길을 내는 것이다.

# PRACTICE

각 장의 마지막마다 제시되는 '연습Practice' 코너를 통해 일시정지를 삶의 기술로 연마해보기 바란다. 더불어 각각의 질문들을 찬찬히 곱씹어보고, 그에 대한 생각과 반응을 기록해보라. 일시정지로부터 얻은 깨달음을 나만의 '비밀 다이어리'에 정리한다고 생각하면 된다.

## ❚❚ 실행

세계 최고의 기업 구글이 실천하고, 스티브 잡스Steve Jobs가 열광한 '마인드풀니스Mindfulness 호흡법'을 당신에게도 권한다. 주의가 산만하고 무기력하며 자꾸만 짜증이 난다는 것은 '뇌가 지쳤다'는 신호다. 근본적인 원인은 의식이 과거나 미래로만 향해 있고, '현재'에 머무르지 못하기 때문이다. 그럴 때 '자신의 호흡에 온전히 집중하는 것'이 도움이 된다.

아래에 제시한 호흡법을 일상에서 반복하며 '습관'으로 만들어보라. 어떤 식으로든 자신의 삶 속에 끌어들여야 한다. 그리고 어느 때가 자신에게 가장 잘 맞는지 시험해보라. 아침에 침대에서 일어나면서, 아침을 먹으면서, 혹은 차 안에서라도 좋다.

우선 온전히 집중할 수 있는 조용한 장소를 찾아 자리에 앉는다. 의자에 앉는다면 등받이에 허리를 기대지 않은 채 등을 세우고, 양발을 바닥에 고정시킨다. 맨바닥에 앉는다면 양반다리를 하거나, 베개를 받쳐 골반을 다리보다 약간 더 높은 위치에 둔다.

① ⋯ 눈을 감고 호흡에 집중한다.

② ⋯ 5초 동안 코로 숨을 들이마시고, 7초 동안 입으로 숨을 내쉰다. 이를 총 5회 반복한다. 좀 더 집중하고 싶다면 손을 복부에 얹고 횡격막의 오르내림을 느낀다.

③ ⋯ 5회의 호흡을 마친 뒤 다음 숨을 들이쉬면서 '지금 여기 존재한다'라고 되뇌인다.

④ ⋯ 다시 숨을 내쉬면서 '무엇이 내게 최선의 선택인가?'라고 되뇌인다.

⑤ ⋯ ③번과 ④번을 반복하면서 30초 동안 호흡에 집중한다. 몸과 마음이 안정되고 편안해지는 기분이 든다면 잘하고 있는 것이다(잡념이 드는 것은 당연한 일이므로 스스로를 자책하지 않는다).

⑥ … 몸과 감각, 감정이 깨어나는 느낌을 다이어리에 적어둔다. 3~5분 동안 멈추지 말고 써내려가야 한다.

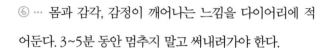 **질문**

다음의 시간 동안 일시정지를 누릴 수 있다면 어떤 일을 해보고 싶은가?

5분

_____

_____

한 시간

_____

_____

하루 종일

_____

_____

# 2장

# 나에게
# 일시정지가 필요한
# 5가지 신호

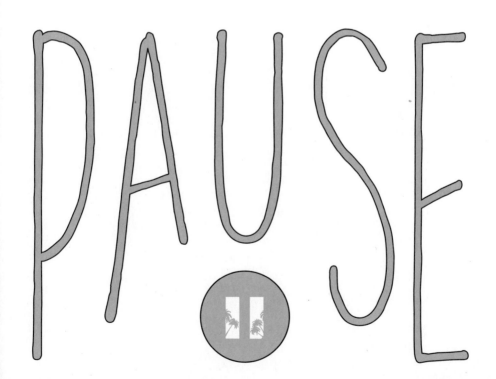

자신의 마음이 무엇을 원하는지
주의 깊게 귀 기울이고
최선을 다해 그것을 선택해야 한다.

- 유대교 『잠언』 중에서

# PAUSE

⏸  당신은 나와 마찬가지로 비교적 만족스러운 인생을 살아왔을 것이다. 매일 출근할 직장이 있고, 가정에서의 위치도 확고하며, 일상에서도 여러 가지 즐거운 면이 많았을 것이다. 탄탄한 경력과 안정적인 재무 상태, 매달 정기적으로 들어오는 월급에 적당한 수준의 인간관계를 누리고 있으며, 가족들은 나의 도전과 업무에 아낌없는 응원을 보내줄 것이다. 전반적으로 보면 분명 성공한 삶인 듯 보이고, 이제껏 이루어놓은 모든 일에 대해 든든함을 느끼고 있을 것이다. 말하자면 당신은 해낸 셈이다!

## 내 마음, 정말로 괜찮은 걸까?

하지만 무슨 이유에서인지 요즘에는 일이 잘 풀리지 않는다. 때때로 불안감이 몰려오고 하루에도 몇 번씩 기운이 쭉 빠진다. 겉으로

039

보기에는 안정적이었던 일상에 하나둘 균열이 생겨나고 있다. 그토록 단단해 보였던 삶의 모든 토대가 실상은 그리 탄탄하지 않았다는 사실을 느낀다. 이제까지 당신은 자신을 둘러싼 외적인 상황들을 성공적으로 만들어왔을지는 몰라도, 정작 자기 내면의 만족감이나 성취감은 잊고 살았을 가능성이 높다. 무언가 다른 일을 시작해보려고 해도 하루하루가 너무나 바쁘다. 아마 지금껏 당신 자신이 아닌 다른 사람들을 만족시켜야 한다는 의무감에 시달려왔는지도 모르겠다. 물질적인 성취를 삶의 최우선순위에 두었거나, 적어도 그것이 당신을 견인해온 가장 주된 원동력이었을지도 모른다.

이제 나는 당신에게 깊은 심호흡을 권한다. 그리고 스스로에게 자문해보기 바란다. "나의 마음속에서는 무슨 일이 일어나고 있는가? 그것이 내 주변에서 일어나고 있는 외적인 일들과 조화를 이루는가?" 다른 말로 표현하자면, 지금 당신의 감정은 잘 정돈되어 있는가? 정신 상태는 건강한가? 아마 예전처럼 잘 살고 있다는 생각이 들지 않거나, 혹은 예전에 느꼈던 삶의 강렬한 의지가 사라져버린 상태일 것이다. 사람들이 흔히 말하는 '틀에 박힌 일상'에 완전히 갇혀버린 셈이다.

삶의 일시정지에 대해 고민하기 시작하면서 나는 '다섯 가지의 신호'가 이렇게 외치는 소리를 들었다. "위험해, 조심하라고!" 처음에는 이러한 내면의 외침들을 깡그리 무시해버렸다. 하지만 내 의지와 상관없이 각각의 외침들은 내게 '변화가 필요하다는 충고'를 계속해서 보내왔다. 내게는 '일시정지의 시간'이 필요했다.

　다음부터 소개할 다섯 가지 신호는 당신이 멈춰야 할 때를 알려주는 '긴급 사이렌'이다. 이 중에서 한 가지라도 마음속에 들려왔다면, 진심으로 축하를 보낸다! 인생에서 가장 적절한 타이밍에 당신 자신의 삶과 앞으로의 커리어를 고민해볼 수 있는 모닝콜을 받은 셈이니 말이다.

## #신호1. 그토록 사랑했던 일을 이제는 혐오한다

　팀장으로 일하던 초창기 시절, 나는 활기와 신명에 가득 찬 채로 출근을 했다. '오늘은 어떤 문제를 해결할까?' '우리 팀이 극복해야 할 과제는 무엇일까?' '우리 제품에 대해 내가 아는 지식을 어떻게 활용해야 고객의 요구를 만족시킬까?' 그야말로 의욕과 에너지가 넘쳐흘렀다. 하지만 시간이 지날수록 새롭고 어려운 과제들이 나를 괴롭히기 시작했다. 과거에 내가 익혔던 기술과 능력들은 새로운 팀의 관리자 자리에서는 아무런 쓸모가 없었다. 나는 의사전달 능력과 프레젠테이션 능력이 뛰어나다는 평가를 받아왔지만, 이제 나에게 요구되는 능력은 '팀장으로서의 강력한 존재감'과 '명료하고 간결한 지시 능력'이었다.

　사실 그 당시에 나는 경청하는 법을 제대로 숙지하지 못한 상태였다. 그 결과 회의 때마다 자리를 박차고 문밖으로 나가는 일이 빈번했다. 내게는 우리 팀을 혁신적으로 이끌어야 한다는 막중한 의무가 있었지만, 팀의 성과는 앞서나가지 못했고 제자리걸음을 반복했다. 아니, 정확히 말해 '우리 팀'이 아니라 '내'가 앞서나가지 못했고 '내'가 제자리걸음을 반복했다.

정신적인 스트레스는 극에 달했고, 형편없는 성과에 대한 자괴감이 머릿속을 빙빙 맴돌았다. 시간이 지날수록 부정적인 생각들은 더욱더 강렬해졌고 마침내 '아무것도 해낼 수 없다'는 좌절감이 내 삶을 지배해버렸다. 나는 부정적인 생각의 소용돌이 속에서 쳇바퀴를 돌고 있었다. 이는 곧 부정적인 행동까지 유발했다. 내 의욕과 에너지는 빠르게 소진되어갔다. 겉으로 보기에는 별다른 이상이 없었지만, 나의 내면은 그야말로 '혼돈' 그 자체였다.

당신도 나처럼 예전에는 신나게 몰입했던 일에서 더 이상 즐거움을 느끼지 못하는가? 일을 통해 만족을 느끼지 못하고 있거나 활력이 소진되어버린 것 같은 느낌을 받는가? 만약 당신의 직책이나 임무에 큰 변화가 없는데도 갑자기 일의 성과가 나지 않는다면, 분명 무언가가 잘못 돌아가고 있다는 뜻이다. 그런 상태라면 무작정 일을 지속하기보다는 일시정지의 시간을 가지면서 의도적으로 행동을 변화시켜야 한다. 그래야 다시 마음을 다잡고 일에서의 즐거움을 되찾을 수 있다.

커리어를 전환시키는 데에는 여러 가지 이유가 있겠지만, 자기비

하적인 생각 하나가 제대로 상황을 파악하고 개선하기도 전에 들불처럼 번져나가버린 결과일 수도 있다. '나 더 이상 이렇게 일 못하겠어!'라든가 '왜 나는 일을 못하지?'라는 생각은 이제 더는 무시하고 지나갈 수 없는 중대한 신호다.

### 지쳐 있는 나, 혹시 번아웃 증후군?

앞서 설명한 이야기가 당신에게도 낯설지 않게 들린다면 이 증후군을 의심해보아야 한다. 소위 '번아웃 증후군'이라고 불리는 이 끔찍한 상황의 원인은 무엇일까? 지금 당신의 감정적 자원이 박탈당하고 있다면, 결국에는 일과 일상생활 모두에서 심각한 결과를 초래할 것이다. 그렇다면 그 심각한 결과란 대체 무엇일까?

저명한 교육학자 밥 라이트Bob Wright 박사는 번아웃 증후군을 다음과 같이 쉽게 설명했다.

> "당신이 헌혈을 한다고 칩시다. 정기적으로 헌혈을 하는 와중에 다시 혈액을 생성시킬 수 있도록 영양분을 섭취하지 않고 다른 기증자로부터 헌혈을 받지도 않는다면, 시간이 갈수록 당신의 기력은 떨어지고 약해져서 더 이상 헌혈을 지속할 수 없게 될 것입니다. 신체적·감정적으로 피곤하고 약해지겠지요. 감정적 평온과 만족을 느끼려는 자신의 욕구를 채우지 않으면 말 그대로 '피가 말라 죽게 될 것'입니다."[2]

열심히 노력하겠다는 당신의 의지를 꺾겠다는 뜻이 아니다. 다만 최선을 다하는 와중에도 '내면의 허기'와 '자기 소명'과의 균형을 맞춰야 할 필요가 있다는 말이다. 영양분을 섭취하지 않은 채 헌혈을 지속하는 것처럼 감정을 재충전하지 않고 계속 소진시키고만 있다면, 속을 터놓을 수 있는 사람과 친밀한 대화를 나누고 때때로 연인이나 자녀, 애완동물과 온전히 함께하는 시간을 가져보는 것도 좋다. 자신의 감정을 솔직하게 드러내기를 꺼려하지 말고, 자신의 실수를 도전의 결과로써 받아들이며, 타인과 진심을 다해 교류해보기 바란다.

이런 모든 행동이 번아웃 증후군에 빠지는 불행을 방지해줄 것이다. 계속 자신의 피를 말리지 말고, 정말로 '아웃'되기 전에 당신에게 진정으로 의미 있는 일을 찾아서 해보기 바란다.

## #신호2. 상사로부터 끊임없이 질책받는다

상사로부터 질책을 받을 때 느끼는 참담함은 이루 말할 수 없다. 내 경우에는 마가렛이 하도 여러 번 내 잘못에 대해 질책해대는 바람에 그녀가 '고장 난 카세트테이프'처럼 느껴질 정도였다. 나와 마가렛은 회의실에 마주 앉아 나의 볼품없는 실적에 대해 여러 차례 이야기를 나누었다.

"레이첼, 당신은 더 효과적으로 팀원들에게 의사를 전달해야 합니다. 확신을 가지고 지시를 내리세요."

마가렛은 딱 잘라 이렇게 말했다. 이 말은 곧 내가 강력한 리더로서 제대로 역할을 수행하고 있지 못한다는 '신호'였다. 되돌아보니 내가 매 순간 단호하게 결정 내리지 못했던 까닭은 '스스로에 대한 의구심' 때문이었다. 그러한 상태로는 무슨 일이든지 성공적으로 해내기가 불가능했다.

그 후로도 비슷한 일들이 자주 일어났고, 상황은 점점 더 심각해졌다. 나는 '무엇'을 개선해야 한다는 충고를 들었지만, 그것을 '어떻게' 개선해야 할지는 전혀 알지 못했다. 마가렛은 내게 충고하는 일에 이골이 났고 결국 이렇게 정리했다.

"당신은 그 자리에 어울리지 않군요."

당신도 상사로부터 이런 식의 질책을 받았을지도 모르겠다. 이런 말이 해고 통지서에 쓰여 있다면, 대개는 짐을 챙기고 책상에서 일어나 가장 가까운 문으로 나가라는 뜻이다. 하지만 때때로 이런 말은 성과 평가서에 교묘한 수사로 감추어져 있는 경우도 있고, 상사와의 면담 자리에서 듣게 되거나, 당신에게 닥칠 재앙을 미리 감지한 누군가의 충고로 전해지기도 한다.

나도 그랬지만 이러한 평가를 받아들일 준비가 되어 있지 않은 경우에는, 대체로 한 귀로 듣고 한 귀로 흘려버리게 된다. 마가렛이 내게 부정적인 평가를 내릴 때마다 나는 그것이 단지 그녀의 '개인적인 의견'일 뿐이라고 일축했다. 직장에서 흔히 벌어지는 사소한 문제이고, 아직 내가 본격적으로 손을 대지 않았을 뿐이라고, 마가렛이 내가 조직에 기여하는 가치를 제대로 평가하지 못한다고 결론 내렸다. 내 잘난 자존심이 그렇게 나를 설득해버린 것이었다. '나' 대 '그들'과의 구도에서 잘못은 모두 '그들'이 저지르고 있다고 믿었다. 문제에서 한 발 떨어져 일시정지의 시간을 가져야 한다는 내면의 신호를 완전히 무시하고 있었던 것이다.

만약 그때 내가 일시정지의 시간을 갖지 않았더라면 내 삶은 계속 비슷한 패턴으로 반복되었을 것이다. 그런 의미에서 일시정지란 '선물'과도 같다. 의식적으로 행동을 변화시키면, 즉 소진되어버린 상태에서 벗어나 일시정지의 시간을 가지면 열정과 의욕이 다시 샘솟고 자신에게 친화적인 환경을 만들 수 있다. 강한 목적의식을 갖고 진심으로 자신의 상황을 돌아볼 때, 비로소 자각력이 깊어지고 긍정적인 변화가 일어날 가능성 또한 높아지는 법이다. 일시정지는 당신의 마음가짐을 변화시키고, 한 걸음 더 나아가 성공을 찾을 수 있게 해주는 일종의 처방전이다. 또 당신에게 맞지 않는 옷을 벗게 해주는 기회이기도 하다. 생각 없이 무조건 일하고 의미 없는 노력을 지속하면서 잘못된 패턴을 반복하는 대신, 행동의 무게와 깊은 책임감을 느끼게 해준다.

## #신호3. 인터넷 또는 스마트폰이 없으면 불안하다

　우리는 적어도 하루에 한 번 이상 인터넷에 접속한다. 특별한 일이 없어도 페이스북Facebook이나 인스타그램Instagram과 같은 SNS에 들어가 친구가 올려놓은 사진을 본다. 당신도 역시 직장에서나 일상생활에서 소위 말하는 '스크린타임Screen time'을 과도하게 쓰고 있으리라 짐작된다. 하지만 내면의 갈망에 집중하기 위해 우리는 단 한 순간이라도 '디지털기기로부터의 거리 두기'를 실천해보아야 한다.

　특히 나에게는 이러한 '거리 두기'가 절실히 필요했다. 나는 90일간의 일시정지를 시작하면서 친구 캐슬린과 함께 3일 동안 기념 여행을 떠났다. 우리는 와인의 고장이라고 불리는 캘리포니아의 소노마 카운티로 향했다. 마침 캐슬린도 실직한 상태여서 나와 함께 일시정지를 즐기기로 한 것이었다. 그녀는 전형적인 뉴요커로서 자신의 감정을 드러내는 데에 거리낌이 없고, 항상 직설적으로 의견과 생각을 이야기했다. 우리를 실은 차가 샌프란시스코를 떠나 금문교 북쪽을 지나고 있을 때 캐슬린은 나에 대한 우려를 털어놓았다.

　"레이첼, 너는 너무 스마트폰에 얽매여 있는 것 같아. 강박적으로 보이기까지 한다고. 좀 내려놓고 살아야 할 필요가 있어. 너를 볼 때마다 스마트폰을 붙잡고 이메일을 체크하거나 회사 일을 하고 인터넷 서핑을 하더라고. 더 이상 그런 의미 없는 일에 몰두하지 말았으면 해."

나는 그녀의 눈을 똑바로 바라보며 차분히 대꾸했다.

"지금 나한테 간섭하고 있는 거 맞지?"

"맞아."

캐슬린이 단호하게 말했다.

"가상의 세상에서 벗어나 현실로 돌아오라고. 그렇게 항상 스마트폰에 매달려 있으면서 어떻게 네 생활을 제대로 챙길 수 있겠니?"

마침 그날은 90일간의 일시정지를 시작한 첫 번째 날이었다. 그리고 그녀의 충고 덕분에 비로소 나는 현실을 직시할 수 있었다. 그동안 나는 일과 성과에만 몰두한 나머지 '인생에서 진정으로 중요한 가치'들을 잊고 살았다. 메일함을 수시로 비우고, 보고서를 작성하고, 나 자신이 아닌 다른 사람들을 만족시키는 일에만 빠져 살았다. 친구나 가족보다 '일'을 우선순위에 두었고, 주말에도 일 때문에 컴퓨터 앞에서 떨어질 줄을 몰랐다. 그래, 안타깝지만 이 모든 게 사실이다. 내게 주말은 일요일 오후면 끝이었다. 월요일 아침에 닥칠 업무들에 미리 대응하려면 이메일부터 처리해두어야 한다고 생각했다. 그런 행동을 끊을 수 있다는 생각조차 하지 못했다. 아니, 오히려 직장인으로서 그러는 게 당연한 태도라고 생각했다.

내가 들은 충고를 직접적으로 들어보지는 못했더라도, 당신 역시 어느 정도 비슷한 의견을 들은 적은 있을 것이다. 예를 들어 연인이나 배우자가 "당신은 나보다 스마트폰을 더 편안하게 생각하는 것 같아"라든가, 사랑스러운 자녀가 "나보다 스마트폰이랑 노는 시간이 더 재미있어?"라는 말로 암시를 주었을 수도 있다. 내 남자친구 더그는 한 번도 내게 그런 말을 꺼낸 적은 없었지만, 아마도 내가 스마트폰에 열중해 있을 때마다 여러 번 나의 주의를 끌기 위해 노력했을 것이다.

그러나 이제 '깨어나라는 신호'를 받았으니 당신이 무심코 반복했던 행동의 이유를 파악해보아야 한다. 왜 그토록 스마트폰이나 기계에 집착했을까? 내 경우에는 '인정받으려는 욕구'를 채우기 위함이었다. 누군가 내게 문자메시지나 이메일을 보냈다는 것이 내가 '중요한 사람'임을 증명해주는 최소한의 표시라고 생각했다. SNS에서의 소통과 이메일 교환을 통해 그렇게나마 헛헛했던 내 감정을 달랬던 것이다.

당시에 나는 이러한 행동을 통해 나 자신을 기만하고 있다는 사실을 알지 못했다. 내면으로부터의 목소리와 깊은 갈망을 채우기 위해 타인과의 '피상적인 소통'만을 추구해왔다. 수시로 SNS를 뒤적이고 이메일을 체크하려는 충동이 든다는 것은 당신이 내면의 갈망을 제대로 해소하지 못하고 있다는 증거다. 이럴 때 우리에게는 '간섭'이 필요하다. 다른 사람이 아닌 자기 자신에 의한 간섭일지라도 좋다.

주디스 라이트와 밥 라이트 부부는 자신들의 책 『다툼의 본질The Heart of the Fight』(국내 미출간)에서 갈망이란 '인간의 생존을 위해 개발된 적응 메커니즘'이라고 정의했다.[3] 라이트 부부는 지구상에 존재하는 75억 명 인구 모두에게 갈망이 내제되어 있으며, 그로 인해 우리가

049

타인과 교류하고 소통하면서 자신을 발전시킨다고 설명했다. 당신도 자기 자신이 안전해지기를 바라는가? 아니면 남들 앞에 나서고 싶은 충동이 드는가? 사랑받고 싶거나 인정받고 싶은가? 남들과는 다른 특별한 사람이 되고 싶은가? 이런 보편적인 갈구 혹은 갈망이 인간 모두에게 존재하는 것이다.

그리고 이것이 바로 우리가 디지털기기로부터 거리를 두어야 하는 진짜 이유다. 내면의 갈망을 충족시키지 못하면 이는 어떻게든 겉으로 드러나기 마련이다. 마치 소통의 욕구를 채우지 못해 SNS를 자꾸만 들여다보는 것처럼 말이다. 우리가 내면에서 비롯된 깊은 갈망(타인과의 교류)을 채우기 위해 피상적으로 하는 행동(SNS 체크하기)을 파악한다면, 기저에 깔린 진짜 갈망을 해소하는 데에 도움이 되고 더욱 만족스러운 삶을 얻을 수 있을 것이다.[4] 캐서린의 충고로 인해 내가 SNS를 끊은 것처럼, 당신도 디지털기기와의 거리 두기를 통해 본연의 자신으로 돌아가야 한다.

대체로 우리가 보고, 행동하고, 생각하는 모든 일이 피상적인 수준에 그치는 경우가 많기 때문에 진정으로 갈망하는 바가 무엇인지 제대로 정의하기 어려울 때가 많다. 이럴 때 일시정지가 자각력을 높여주고, 내면의 갈망에 집중하는 좋은 방법이 되어준다. 당신의 삶에 간섭이 필요하다면, 지금 당신은 방황하고 있는 중이다.

여기에 더해 라이트 부부는 숨어 있는 '갈망의 정체'를 밝히는 훌륭한 방법을 제시했는데, 그들은 이를 '~할 수 있도록' 테스트라고

이름 붙였다.[5]

휴가나 일시정지처럼 당신이 진정으로 바라는 무언가를 떠올려보라. 이러한 욕구를 '나는 ~할 수 있도록 ~을(를) 원한다'라는 문장으로 표현해보면, 피상적인 행동 아래 숨은 이면이 드러난다.

나는 스트레스를 덜 받을 수 있도록 휴가를 원한다.

나는 더 성장할 수 있도록 어학 공부를 원한다.

나는 폭넓은 교류를 할 수 있도록 커뮤니티 가입을 원한다.

∴ 나는 _____ 할 수 있도록 _____을(를) 원한다.

자, 당신이 진정으로 갈망하는 바는 무엇인가? 내면의 갈망을 일시적으로 달래기 위해 어떤 피상적인 행동을 취하고 있었는가? 갈망의 정체를 파악하기 위해 잠시 멈춰 생각해보는 일은 내면 깊숙한 곳의 목소리와 피상적인 행동을 맞춰볼 수 있는 훌륭한 방법이다. 여기에는 어떤 간섭도 필요하지 않다. 내 삶에서 무엇이 중요한지를 알아보기 위해 언제든 '일시정지 버튼'을 누르고 갈망을 점검하면 된다. 실제로 인간이 느끼는 보편적인 갈망은 다음과 같다.

살아 있음을 느끼고 싶다 ⋯ **풍부한 경험, 창조, 표현, 학습과 성장**

안정감을 느끼고 싶다 ⋯ **존재감, 교류, 신뢰**

사랑받고 싶다 … 애정, 감사, 소속감, 소통

인정받고 싶다 … 존중, 공헌, 영향력

PAUSE STORY

## 의식 있는 의사에서 변화를 이끄는 교육자로 _ 주디스 라이트

…               내게 주디스 라이트는 스승이자 멘토이며, 삶의 영웅이다.

그녀는 우리 시대의 진정한 지식인으로서 장애를 가진 대학생들을 위해 교육

서비스를 제공했고, 그들이 장차 훌륭하게 성장하여 지역 사회에서 일할 수

있도록 도와주었다. 더불어 일리노이 발달장애연구소의 임상프로그램 책임

자로서 발달장애 자녀를 둔 가족들을 위해 지원제도 모델을 새롭게 개발했다.

**예산**  차량 주유비와 식사비

**기간**  한 달 중 주말 하루

**목적**  의식적으로 깨어 있는 삶을 살기 위하여

**계기**  그녀는 의사로서 경력을 쌓던 중 어느 순간부터 자신의 직

관과 내면의 힘을 잃어버린 것 같은 기분을 느꼈다. 삶의 의미와

충만함을 되찾고 싶다는 갈망이 강렬해졌다. 익숙한 것들로부터

결별하게 되더라도 삶에서 정말로 중요한 무언가를 발견해내고 싶었다.

**활동** 한 달 중 주말 하루는 차에 자전거를 매달고 개인적인 여행을 떠났다. 참나무 숲이나 호숫가를 배회하면서 신선한 공기를 마셨고, 대자연 속에서 영혼을 정화시켰다. 그밖에도 조용한 곳에서 독서와 음악 감상, 일기 쓰기를 하며 명상의 시간을 가졌다. 이러한 활동들을 통해 그녀는 자신의 내면과 소통하고, 갈망에 대해 더 깊이 이해하게 되었다.

특히 일시정지의 시간 동안만큼은 디지털기기의 사용을 최소화했다. 스마트폰이나 노트북(일기 쓰기를 위한 가벼운 태블릿 PC를 제외하고) 등 전자기기를 일체 가져가지 않는 게 규칙이었다. 지금은 매일 아침마다 스마트폰을 끄고 일시정지의 시간을 가지며 삶의 목적을 반추하고 있다.

이제 그녀의 주말 여행은 '일주일 동안의 영적 순례'로 발전했고, 매년 이 전통을 이어오고 있다. 처음에는 단순히 1년에 한 번씩 성스러운 장소와 영적 지도자를 찾아 여행을 떠났지만, 그녀의 이야기가 널리 퍼지면서 현재는 주디스 재단에 속한 학생들까지 대거 참여하게 되었다.

**영향** 이제 그녀는 필요할 때마다 스스로 일시정지의 시간을 창조해낸다. 그리고 일시정지는 그녀의 사고방식에 미묘한 변화를 불러일으켰다. 어떤 일에 도전함에 있어 '절대적인 공식'이 존재하지 않는다는 점을 깨달았고, 자존감이란 외부가 아닌 내 마음속에서 만들어진다는 사실을 깊이 받아들였다.

"나는 내가 무엇을 느끼고 무엇을 갈망하는지, 정말로 내게 중요한 일이 무엇인지를 알고 있으며, 그에 따라 행동합니다. 내 외적인 모습이 내 인생의 전부인 것처럼 보이지만, 실은 모두가 나의 내부에서 비롯되는 것입니다. 나는 내 삶을 사랑합니다. 내 삶을 온전히 느끼고 있어요. 하루하루가 만족스럽습니다. 원하기만 한다면 언제든지 내 삶을 충만하게 만들 수 있습니다. 내 안의 나침반이 나를 올바른 길로 인도해줍니다. 일시정지는 내 안에 숨어 있던 지혜와 만나게 해주었고, 나는 매일 그 목소리를 듣고 있습니다."

........................................................................................

## # 일시정지를 위한 조언

### 1. 자신의 갈망을 발견하고 해소하라

내면 가장 깊숙한 곳에서 울려 퍼지는 갈망을 듣고 이를 제대로 해소할 때 우리는 행복에 이를 수 있다. 다만 이것이 일탈이나 피상적인 수준의 해소와는 다르다는 것에 유의해야 한다. 주디스는 이를 '가벼운 중독 현상'이라고 표현하는데, 충동적인 구매나 이메일 체크처럼 순간적으로 욕구를 해결하려는 습관을 말한다. 이는 내면의 갈망을 해소하기보다는, 오히려 침묵하고 마비시켜버린다.[6]

### 2. 갈망을 충족시킬 수 있는 활동을 하라

일기를 쓰거나 독서를 하고, 음악을 듣거나 종교 활동에 참여하는 행동은 물론, 지금 내 앞에 있는 사람과의 순간을 즐기고, 자신의 감정을 인지하며, 배우고 성장하기 위해 위험을 무릅쓰는 정신적 활동도 모두 내면의 갈망을 해소하는 데에 도움이 된다.

### 3. 일시정지를 삶의 기술로 연마하라

주디스의 사례처럼 자기만의 연례행사로 여행을 떠나보는 건 어떨까? 연구나 집필로 주말에 일정을 내기가 어려운 상황에도, 또 아무리 정신없는 일과 중일지라도 그녀는 단 몇 분간만이라도 안식을 취하며 일시정지를 습관처럼 행하고 있다.

## #신호4. 삶에 대대적인 사건과 변화가 발생한다

만약 최근에 인생에서 중대한 사건이나 변화를 겪었다면, 일시정지의 시간을 통해 그 결과를 반추하고 정리해보아야 한다. 이를테면 갑작스러운 건강 악화라든가 사랑하는 이와의 이별, 이직 등의 커리어 전환, 새로이 부여받은 업무로 인한 스트레스 등이 이에 해당한다. 긍정적인 일이든 부정적인 일이든 그러한 사건들은 당신의 관습적인 행동과 감정 습관을 변화시킬 수 있는 계기가 될 것이다.

또 변화가 불가피한 순간에 잠시 멈추어 어떤 결정을 내릴지 고민해본다면, 보다 더 현명한 선택을 내릴 수 있다. 일시정지를 함으로써 자신이 가진 선택지를 가늠해보고, 자신에게 진정으로 중요한 가치를 되돌아볼 수 있는 셈이다.

### 일시정지가 불러올 7가지 영역의 변화

하나의 작은 행동 변화가 인생 전반에 얼마나 큰 파장을 일으키는지 알고 있는가? 현대심리학의 발전에 가장 큰 영향을 미친 정신의학자 알프레드 아들러Alfred Adler는 '친밀한 관계' '일에서의 성취감' '사회적 관계'라는 세 가지 영역에서 작은 변화를 통해 인생의 행복을 찾는 방법을 제시했다. 그리고 라이트 부부는 아들러의 개념을 '신체' '자아' '가족' '커리어' '인간관계' '커뮤니티' '정신' 등의 일곱 가지 영역으로 확장하여 정리했다.

나의 경우를 들어 자세히 살펴보자. 구글에서 몸과 마음이 소진된 이후 일시정지를 마음먹고, 디지털기기와 거리를 두기 시작하면서 내 삶에는 이러한 변화가 나타났다.

### 변화 전

상황 ··· 일과 사생활의 경계가 흐릿했고 언제나 일을 최우선순위에 두어야 한다는 강박관념에 시달렸다.

오해 ··· 일을 할 때에만 내가 '중요한 사람'이라고 느꼈다. 일하지 않는 시간에는 불안하고 기분이 좋지 않았다.

갈망 ··· 내 삶을 더 소중히 여기고 싶다. 디지털기기가 아닌 누군가의 눈을 바라보고 진정한 소통을 나누고 싶다.

행동 ··· 일이 아닌 다른 무언가에 집중하고, 내 의지에 따라 디지털기기의 사용을 줄일 수 있다.

내가 처한 상황을 직시하고, 잘못을 바로잡으며, 진짜 갈망을 파악한 뒤, 행동을 변화시키자 내 삶의 일곱 가지 영역에서 다음과 같은 변화가 나타났다.

### 변화 후

신체 ··· 마음이 안정되고 스트레스를 덜 받게 되었다. 숙면을 취하니 몸도 편안해졌다.

057

**자아** … 나를 향한 외부의 평가보다 내 자신의 만족감에 더 집중하게 되었고, 자아에 대한 인식이 명료해졌다.

**가족** … 이전에 비해 가족과 보내는 시간이 더 늘어났다. 가족 안에서 나의 중요성도 더 커졌다.

**커리어** … 일하는 시간을 정해두고, 그 시간에만 집중적으로 업무를 처리했다. 많은 시간을 쏟을 때보다 오히려 일의 능률이 더 오르고, 성과도 좋아졌다.

**인간관계** … 소홀했던 인간관계를 되돌아보고 다시 사람들과 친밀감을 쌓았다. 행복감과 소속감이 높아졌다.

**커뮤니티** … 타인과의 소통이 더 이상 두렵지 않다. 누구를 만나든 미소 짓고 인사를 건넸다.

**정신** … 내면의 목소리에 귀 기울이기 시작했다. 한계에 다다랐거나 절박한 상황에 빠졌다고 생각되면, 명상을 하거나 도움을 구할 스승을 찾아갔다.


지난 1년 사이에 당신에게 일어난 사건들을 떠올려보라. 어떤 중대한 사건이 발생했는가? 그 당시로 돌아가 기분이 어땠는지 표현해보라. 사실 우리는 미움이나 불안과 같은 부정적인 감정들을 드러내지 말고 참으라고만 교육받아왔다. 하지만 이제 우리는 '표현'에 익숙해져야 한다. 잠시 멈춰 서서 자신에게 집중하는 시간을 갖고, 감정의 근원을 파악해 표현해야 한다. 그때 어떤 감정을 느꼈는가?

서두르지 말고 당시의 사건과 감정을 면밀히 살펴보라. 내게 일어난 사건 하나하나는 삶이 당신에게 선물해준 '성찰의 기회'다.

되돌아보니 구글에서 보냈던 시간은 삶이 나에게 준 최고의 선물이었다. 마가렛이 내게 기대한 높은 목표치도 사실은 기회였다. 더 성장하고 잠재력을 끌어올리기 위해 나에게 진정으로 필요했던 건 '처절한 실패'였다. 그 어떤 휴가나 보상, 돈보다도 더 중요한 경험이었다. 당시에는 알지 못했지만 일시정지의 시간 동안 상황을 객관적으로 바라보자 비로소 알게 되었다. 나는 실패를 통해 분명 한 단계 더 성장했다.

일시정지로 인해 나는 내 행동에 책임을 져야 한다는 사실도 명확히 깨달았다. 내가 만든 상황은 '나에게 책임이 있다'는 것을 받아들였다. 그 당시 내가 겪었던 번아웃 증후군과 스트레스, 불편한 인간관계 모두 한 가지 공통점을 가지고 있었다. 바로 '내가 문제'라는 것이었다.

> 인생의 변화나 기회를 선물로 받아들이기 시작하면, 삶의 깊은 의미를 이해할 수 있다. 더불어 그 변화를 새로운 일을 할 수 있는 도전의 기회로도 활용할 수 있을 것이다.

# #신호5. 새로운 기회가 모습을 드러낸다

장기 여행, 이직, 해외 유학, 새로운 프로젝트처럼 평소에 계획했지만 막상 실행하려고 보니 주저하게 되는 기회가 있는가? 누구나 아는 말이겠지만 인생은 정말 짧다. 그런데 왜 이러한 기회들을 뒤로 미루고만 있는가? 새로운 기회 앞에서 주저함을 느낄 때, 일시정지는 현재를 누릴 수 있게 하고 더 나은 선택을 내리도록 도와준다. 그러니 지금 당신의 감정을 들여다보라. 내게 주어진 기회를 떠올릴 때 두려움, 기쁨, 슬픔, 설렘 중 어떤 감정이 느껴지는가? 그 기회를 붙잡으려는 당신의 의도 뒤에 숨겨진 진짜 갈망은 무엇인가?

### 마음을 강렬하게 이끄는 기회

도저히 거부할 수 없을 만큼 마음속에서 강렬하게 원하는 기회가 있다. 다음의 시나리오 중 혹시 익숙하게 느껴지는 것이 있는지 확인해보라.

> … 멀리 살고 있는 친구가 주말에 당신을 초대한다.
> … 평소에 가보고 싶었던 곳으로 훌쩍 여행을 떠나고 싶다.
> … 한동안 소식을 듣지 못했던 친구가 모이자고 제안을 한다.
> … 어릴 때부터 꿈꾸던 공부를 하기 위해 해외로 유학을 가고 싶다.

이런 욕구가 올라올 때마다 당신의 이성적인 두뇌는 어떻게 반응했는가? 아마 우리 대부분은 '나는 그렇게 할 수 없어!'라고 소리쳤을 것이다. 하지만 한편으로는 조용히 일을 꾸미고 싶은 마음도 들기 마련이다. '그런데 만약에⋯⋯?'

만약 어떤 기회를 앞에 두고 붙잡을지 말지 고민된다면, 그 일을 떠올릴 때 느껴지는 감정에 집중해보라. 그게 옳은 일인지 아닌지는 대개 직감으로 알 수 있다. 옳은 일이라면 당신의 마음이 요동칠 것이고, 더 나아가 당신의 삶을 한 단계 더 진전시킬 것이기 때문이다.

졸업을 앞둔 스물한 살 때, 나는 이미 첫 번째 일시정지를 계획하고 있었다(그때는 그게 일시정지인지 인식하지 못했다). 도서관에 앉아 미래에 대한 이런저런 생각에 빠져 있을 때였다. '5월에 졸업하면 당장 무엇을 해야 하지?' 정말 아무런 계획도 떠오르지 않았다. 그렇다고 해서 계속 학교에 머무르고 싶은 마음도 들지 않았다. 그래서 나 자신에게 이렇게 물었던 기억이 난다.

"레이첼, 졸업하고 딱 한 가지만 할 수 있다면 뭘 하고 싶니?"

당시에 나는 프랑스어로 '내 이름은 레이첼입니다'라는 문장을 알고부터는 내내 '프랑스에 가고 싶다'는 마음이 가득했다. 그래서 대책도 없이 무작정 파리에서 직장을 다니거나 직접 살아보기로 결심했다. 어떻게 필요한 돈을 모으고 일을 구할지는 알 수 없었지만, 프랑스에 간다는 생각만으로도 저절로 미소가 지어졌다. 내가 진정으로 하고 싶은 일에 대한 스스로의 진심 어린 대답, 그것을 실행할 뿐이었다. 그리고 그때가 바로 내 인생 최초로 '일시정지'를 창조해낸 순간이었다. 나는 그해 여름 내내 피자가게에서 아르바이트를 하며 여행에 필요한 돈을 모았다. 그리고 마침내 9개월 동안의 여정으로 프랑스행 왕복 티켓을 끊었다. 심지어 프랑스에서 일을 할 수 있는 취업 비자까지 획득했다.

내 주변의 모든 사람은 나를 향해 "대책 없이 용감하다"거나 "미친 게 분명하다"라고 말했다. 떠나기 몇 개월 전, 내 생일파티에 모인 친구들은 "대체 왜 그런 결정을 내린 거니?"라며 입을 모았다. 나는 케이크 가장자리에 있는 곰 모양 젤리를 떼며 이렇게 대답했다.

"나는 할 수 있을 것 같아. 무슨 일이 벌어질지 지금은 예측할 수 없지만, 어쨌든 나는 떠나기로 마음을 굳혔어."

사실 두려운 마음도 들었다. 하지만 일단은 마음이 시키는 대로 직진해야겠다는 생각이 들었고, 내 직감을 믿기로 했다.

그리고 그해 겨울, 나는 프랑스 알프스 지방에서 평생 동안 잊지 못할 최고의 1년을 보냈다. 말 그대로 '임무 완수!'였다. 이것이 내 안에서 끓어오르는 강렬한 갈망을 꽉 붙잡은 경험이었다.

### 다음 단계를 위한 숙고의 기회

직장에서나 가정에서, 혹은 인간관계에서 일이 잘 안 풀릴 때면 필연적으로 의심이 뒤따르기 마련이다. 그럴 때에는 깊이 사색하기 위한 혼자만의 시간이 필요하다. 변화하고 싶은 마음속 외침을 들어

야 하는 것이다. 내 마음을 세차게 뒤흔드는 의심의 목소리는 다음
과 같다.

'지금 이 자리가 나에게 어울릴까?'
'이 일이 진짜로 내가 원하는 일일까?'
'내가 대체 뭘 하고 있는 거지?'
'왜 이런 짓에 시간을 쓰고 있는 걸까?'
'이 관계가 나를 행복하게 해줄 수 있을까?'

그중에서도 마지막 질문은 아주 특별하다. 더그와 만났던 마지막
해에 나는 스스로에게 이 질문을 수차례 던지곤 했다. 사실 우리는
꽤 오랜 시간 흔들리고 있었다. 서로를 진심으로 사랑했지만, 감정
적으로 깊게 연결되어 있다는 느낌은 받지 못했다. 내가 일시정지의
시간을 통해 새롭게 발견한 것들, 예를 들어 명상과 여행의 기쁨을
그는 전혀 이해하지 못했다. 그와 함께하면 편안했지만 동시에 왠
지 모를 공허함도 느껴졌다. 나에게 있어 '만족'이란 삶의 진로를 확
장하고 그로 인해 즐거움을 느끼는 것이었는데, 그와의 관계에 있어
서는 그런 기분을 전혀 느끼지 못했다. '아주 가끔 느끼는 기분 좋은
감정, 그런 수준의 행복에 안주해야 하는 걸까?' 관계에 대한 질문이
계속해서 마음속에 기어올라왔다. 사실 그때 나는 그런 감정들을 일
부러 외면했던 것 같다. 스스로를 향해 '나는 정말 행복해'라며 최면

을 걸었다.

위에서 말한 의문 중 단 하나라도 당신의 마음속에서 들려왔다면 지금의 상황을 면밀히 살펴보기 바란다. 이는 곧 당신의 현명한 자아가 인간관계와 직업, 지금 하고 있는 일에 대해 만족을 느끼지 못한다는 신호를 보내고 있는 것이기 때문이다. 나는 이를 '다음 단계를 위한 숙고의 기회'라고 이름 붙였다.

물론 그렇다고 해서 당신에게 급격한 변화가 필요하다는 말은 아니다. 다니던 직장을 갑자기 그만두거나 당장 애인과 헤어지라는 뜻은 결코 아니다. 다만 그러한 의문이 들 때 잠시 일시정지의 시간을 갖고 자신이 처한 상황을 보다 명확하게 인식해보라고 권하고 싶다. 당신이 인식하는 깊이에 따라 답도 달라질 수 있다는 점을 깨닫기 바란다.


## 일시정지란 약간의 거리를 둔다는 것

사실 일시정지는 그 의미 자체만으로 보면 꽤나 역설적이다. 일시정지라는 것이 '생각할 시간을 갖는다'는 의미일까? 아니면 내 안의 지혜가 알아서 답을 내리도록, 말 그대로 '생각을 일시정지한다'는 의미일까?

여기서 내가 말하고 싶은 일시정지란 '더 많이 생각한다'는 의미가 아니다. 특정한 상황에서 마음을 정하지 못해 스트레스를 받거나, 의사결정을 앞두고 고민에 빠져 있느라 제대로 대처하지 못했던 적이 얼마나 많았던가?

그래서 이 책에서 말하는 일시정지는 '더 많이 생각한다'의 반대되는 개념이다. 매일 반복되는 일상에서 벗어나고, 당신의 무의식을 지배하는 부정적인 생각들을 떨쳐버릴 수 있는 완벽한 구실인 셈이다. 어떤 사안에 대해 조금 물러서서 생각할 시간을 갖지 않으면, 당신은 자신이 진짜로 원하는 욕구에 대해 들여다볼 기회를 가질 수 없다. 어떤 생각에 사로잡혀 성급하게 결정을 내려본 경험이 있을 것이다. 그때 딱 5분만 일시정지의 시간을 가졌더라면, 우리의 계획과 삶이 지금과는 완전히 달라지지 않았을까?

나는 자녀도 없고, 부모로서의 역할도 경험해본 적이 없지만 수많은 연구 결과를 통해 '일시정지'가 자녀를 양육하는 데에도 영향을 끼친다는 사실을 발견했다. 부모가 된다는 것은 곧 자기 인생에서 자신의 감정을 드러내고 표현할 훌륭한 기회다. 또한 감정과 행동을 바꿔놓을 중요한 인생의 전환점이기도 하다.

사실 부모가 되는 과정은 감정적으로나 신체적으로나 매우 도전적인 시간이다. 그 시간을 단지 자녀를 돌보는 일에만 쏟지 말고, 이전에는 생각해보지 못했던 방식을 통해 스스로를 돌보는 기회로도 사용해보라. 자녀가 자라는 동시에 부모인 당신도 함께 성장한다. 자녀를 돌보느라 하루하루 바쁘게 생활하겠지만, 그 와중에도 양육의 과정이 자기 스스로를 돌보는 시간이라는 점을 잊지 말기 바란다. 승무원이 항상 충고하듯이, 먼저 자신의 산소마스크를 쓴 뒤 그다음 남을 돌보아야 한다.

## ❚❚ 자기 평가

당신은 지금 자신의 갈망을 제대로 충족시키고 있는가? 개인적인 삶이나 직장에서 원하는 인생을 살고 있는가? 이제 일시정지가 필요하다는 신호를 알았으니, 아래에 제시된 '자기 평가'를 통해 나에게도 일시정지가 필요한지, 일시정지의 시간을 가진다면 얼마나 지속해야 하는지를 점검해보라.

**아래의 신호에 해당된다면 1점씩 부여하라**

예전에 그토록 사랑했던 일을 이제는 혐오한다.

요즘 부쩍 상사로부터 질책받는 일이 늘어났다.

다른 데 정신이 팔려 있는 것 같다는 말을 듣는다.

중대한 인생의 사건이나 변화를 경험했다.

그토록 원하던 기회가 눈앞에 찾아왔다.

## ⑪ 채점표

························································································

**: 0점**

축하를 보낸다! 당신은 지금 원하는 삶의 모습대로 살아가고 있는 중이다. 자신이 가진 모든 것에 감사하고, 지금의 삶을 앞으로 어떻게 지속해나갈지 생각해보기 바란다.

**: 1~2점**

최소 하나의 신호가 당신의 삶에 나타났더라도 이를 가벼이 넘기지 말아야 한다. 대략 일주일에서 한 달 정도 휴가를 계획해보라. 그리고 그동안 내 마음을 괴롭혔던 질문들에 대해 스스로 답을 내려보기 바란다.

**: 3~5점**

위험 경고! 현재의 상황에서 벗어나야 할 이유가 명확할 만큼 매우 심각한 상태다. 장기적인 휴가를 통해 삶의 방향을 재조정해보기 바란다.

# PRACTICE

**⏸ 질문1.**

라이트 부부가 개발한 '~할 수 있도록' 테스트를 통해 당신이 진정으로 바라는 갈망을 확인해보라.

나는 _____ 할수있도록 _____ 을(를) 원한다.

**⏸ 질문2.**

자기 평가를 마친 후 어떤 감정이 드는가? 두려움, 분노, 슬픔, 기쁨, 안도 등 자신이 느끼는 감정을 최대한 솔직하게 적어보라.

_____

_____

_____

_____

_____

_____

_____

## ❚❚ 질문3.

일시정지의 시간을 갖는다면 지금 자신에게 필요한 활동은 무엇인가? 어떤

일을 통해 내면의 갈망을 채울 수 있겠는가?

---

# 3장

# 일시정지에도 용기가 필요하다

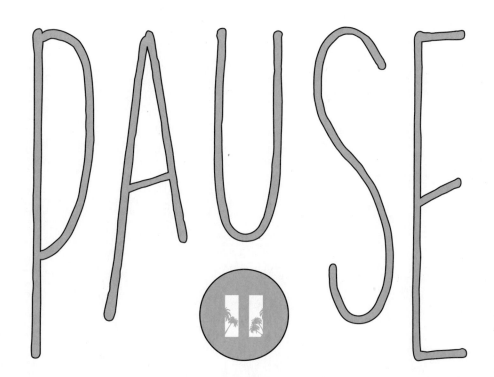

가장 중요하고 용기 있는 판단은
나 자신이 원하는 삶을 살겠다고
굳게 결심하는 것이다.

- 마이클 르뵈프Michael LeBoeuf, 미국 최고의 경영 컨설턴트

# PAUSE

일시정지에 합류하기로 마음먹은 당신에게 진심으로 축하를 보낸다! 그 시간이 얼마나 지속될지 지금은 알 수 없지만, 설사 당초에 계획했던 것과 다르게 진행되더라도 그저 '그러려니……' 하는 마음으로 받아들이기 바란다. 계획이란 원래 변하기 마련인 것처럼 당신의 일시정지 또한 그러할 것이다.

우리의 뇌는 안정적이고 편안한 상태를 유지하려고 하지만, 일시정지는 그 반대의 세상으로 당신을 인도할 것이다. 갑작스럽게 발생하는 사건이나 예상치 못한 깨달음으로 인해 정신이 멍해지고 당혹감을 느낄 수도 있다. 결과에 대해 확신을 구하고자 하는 마음은 모든 인간의 본능이기 때문이다.

다만 우리는 일시정지의 시간과 그 과정을 통해 결과에 대한 집착과 조급함을 어느 정도는 내려놓을 수 있다. 일시정지란 일종의 '항복 선언'과 같다. 미지의 가능성을 허락하는 시간이다. 어떤 결과가 발생하고 어디로 가게 될지 혹은 앞으로 어떤 삶을 살게 될지 알 수 없지만, 일시정지의 시간이 내 삶에 이득을 가져다줄 것이라는 사실만큼은 굳게 믿어라. 즉, 미래에 대한 막연한 불안감을 내려놓고 지금, 여기에 충실하라는 말이다. 분명 쉽지 않은 일이다. 그럼에도 우리는 자신의 사명을 믿고 스스로를 다독여야 한다. 이런 자신에 대한 굳건한 신뢰감이 바로 '내면의 목소리'다.

나는 일시정지를 시작했을 때 그로 인한 결과가 어떻게 될지 전혀 예상할 수 없었지만, '지금 반드시 쉬어야 한다'는 결정만큼은 확신할 수 있었다. 당시에 내 정신은 완전히 무너져 있었고, 잠시 멈추어 상황을 파악할 시간이 필요했다. 장기 휴직을 허락받고 구글을 떠났던 첫 한 달 동안, 나는 앞으로 주어진 소중한 시간을 어떻게 써야 할지 깊게 고민했다. 쉬기로 마음먹었으면서 그간 일에 치이던 습관 때문에 너무 많은 계획을 세우면 어떡하나 하는 걱정이 들었다. 그래서 의도적으로 어느 정도는 계획에 '빈틈'을 남겨두기로 했다. 너무 많은 일로 계획표를 채워버리면 예상치 못했던 마법 같은 일이 벌어질 가능성도 낮아지지 않겠는가?

일시정지를 시작하기 위해서는 '두려움에 맞설 용기'와 '자기 확신'이 필요하다. 익숙하고 편안했던 모든 것과 결별할 수 있는 마음의 준비가 되어 있어야 한다. 한번 생각해보라. 잠깐의 시간을 나에게 허락해야 한다는 사실을 알고 있으면서도 우리가 일을 손에서 놓지 못하는 이유는 무엇인가? '5분간 자리를 비우면 이 일은 누가 처리하지?' '3개월 동안 쉬어버리면 그동안의 월급은 어떻게 보상을 받지?' '1년간 여행을 떠나고 돌아왔을 때 친구들과 멀어지면 어떡하지?' 이러한 두려움이 우리의 일시정지를 방해하는 가장 큰 적이 아니었던가?

미국의 신화학자 조셉 캠벨Joseph Campbell은 자신의 책『천의 얼굴을 가진 영웅』에서 이렇게 말했다.

"영웅의 여정에는 도전과 장애물, 위협이 따르기 마련이다. 그것들을 극복하면 더욱 강력한 존재로 탄생한다."[7]

당신도 신화 속 영웅처럼 일시정지를 삶의 여정이라고 생각해보라. 두려움의 대상과 정면으로 마주하고 나면 새로운 생각과 경험, 그로 인한 깨달음을 통해 한 단계 더 성장할 수 있다. 즉, 일시정지라는 시간을 통해 당신은 자기 삶의 영웅으로 거듭날 수 있다. 그 여정자체가 '용기의 실현'인 셈이다.

## 때로는 마음이 흘러가는 대로 내버려두라

일시정지를 결심했다면 앞으로 닥칠 결과의 불확실성을 받아들이고, 현재의 흐름대로 나를 놓아두어야 한다. 바람의 방향에 따라 흔들리는 깃발처럼 스스로를 완전히 내려놓아야 한다는 뜻이다. 나를 놓는다는 일이 언뜻 보기에는 쉽게 느껴지지만, 사실 대단한 용기를 발휘해야만 가능한 일이다.

장기 휴직을 허락받은 뒤 누군가 내게 "왜 갑자기 90일 동안 일을 쉬려고 하죠?"라고 물어볼 때마다, 그 이유를 설명하면서 적잖은 공포심을 느꼈다. 다른 대부분의 불편한 감정들처럼 '쉬어야 한다'는 신호를 받아들이기는 했지만, 그렇다고 해서 걱정이 아예 멈춘 것은 아니었다. 내가 일시정지를 결심하면서 가장 두려웠던 점은 '너무 오랜 시간 방치해둔 탓에 나의 진짜 모습을 발견하지 못하면 어떡하지?' 하는 불안감이었다. 결국 알아낸 결과가 나의 경력이나 직업에 정반대되는 것이라면 어떨까? 그동안 일에 투자한 시간과 노력이 너무 아까워 생각조차 하고 싶지 않았다.

또 이런 걱정도 들었다. '내 비참한 상태를 다시 깨닫게 되면 어쩌지?' '내가 스스로를 사랑하지 않는다는 결론이 나오면 어떻게 해야 할까?' 그런 깨달음이라도 기꺼이 받아들여야 할지 망설여졌다. 물론 이러한 걱정은 편안했던 안전지대를 박차고 나왔기 때문에 당연히 느낄 수밖에 없었던 감정이었다. 그럼에도 마치 느끼고 싶지 않았던 감정들을 꼭꼭 숨겨둔 금고를 여는 것 같은 두려움에 휩싸였다. 내면에 숨겨진 진짜 갈망과 감정을 표출해야 하며, 그로 인해 내가 치유된다는 사실을 전혀 알지 못했다.

이 책을 쓰기 시작하면서 나는 90일간의 일시정지를 시작했던 때와 똑같은 감정을 느꼈다. 두려움이 명치끝에 단단히 뙈리를 틀고 앉았다. 내가 과연 해낼 수 있을지 확신이 서지 않았고, 실패할 것만 같아 두려웠다. 글쓰기란 자기성찰과 대단한 인내를 요구하는 일이 아니던가? 미지에 대한 공포가 내 생각과 행동에 검은 그림자를 드리웠다.

하지만 지금의 나는 수차례의 일시정지 경험을 통해 그러한 두려움이 아무런 의미가 없다는 사실을 잘 알고 있다. 미래에 대해 걱정한다는 것은 현재에 충실하지 못하다는 의미다. 그때 나는 '알 수 없는 미래'라는 가장 큰 공포에 맞서야 했고, 어떻게든 일이 잘 풀릴 거라는 믿음을 가져야 했다. 그리고 90일간의 일시정지를 통해 결과가 무엇이든, 도전은 위험을 무릅쓸 만한 충분한 가치가 있는 것임을 배울 수 있었다. 보다 충만한 삶을 살 수 있다는 보상은 미지에 대한 두려움을 이겨낼 만큼 가치 있는 것이므로, 두려움을 털어버리고 정면으로 맞서야 했다. 그러한 용기가 지금껏 나를 버티게 해주었다.

우리는 대개 자유롭고 거침없는 삶을 살지 못한다. 경영 트레이너 개리 마이클 더스트Gary Michael Durst에 따르면, 전체 인구 중 약 70퍼센트가 '자신의 소유물과 표현에 대해 협상을 하며 살아간다'고 한다.[8] 실제로 우리 대부분은 사회와 문화의 기존 규범을 벗어나지 않는 범위 안에서 살아간다. 적당한 학교에 들어가고, 남들이 기대하는 일을 하고, 관습적으로 경력을 쌓으며, 자신의 라이프스타일과 신념에 대해 구태여 의문을 갖지 않는다.

오스트리아의 정신과 의사이자 홀로코스트(제2차 세계대전 중 나치가 자행한 유대인 대학살)의 생존자 빅터 프랭클Viktor Frankl은 "빛을 밝히려면 불타는 것을 감수해야 한다"라는 교훈을 남겼다.[9] 나는 그의 표현 중에서 '불타는 것'의 정의를 다음과 같이 해석한다. '자신의 진정한 자아를 발견하고, 무조건적으로 순응하는 삶을 깨우기 위해 용기를 내어 두려움에 직면하는 일.' 프랭클의 표현을 빌리자면, 나는 진정한 나를 찾기 위해 기꺼이 두려움에 맞서 일시정지 버튼을 누를 준비가 되어 있었다.

지금 이 순간 당신이 느끼는 두려움은 무엇인가? 익숙한 일을 끊어내는 것이 두려운가? 또는 삶에 대한 통제력을 상실하는 것이 두려운가? 그럴 때 일시정지는 당신이 어떤 모습으로 살아가야 하는지를 발견하도록 도와주고, 두려움을 대담하게 포용할 수 있는 기회를 주며, 당신에게 어울리는 것과 어울리지 않는 것을 깨닫게 해준다. 이는 단순히 새로운 직업을 찾게 해준다는 수준이 아니다. 당신의 내면을 치유하고, 상처를 드러낸 채 무작정 폭주하지 않도록 인도해주는 것이다.

자, 그렇다면 일시정지라는 미지의 세계로 떠나기 전에 어떤 준비를 해야 할까? 그곳으로 발을 들이려는 당신에게 미리 길을 탐색해볼 수 있는 세 가지 단계를 소개하고자 한다. 이를 통해 용기를 얻고 자신에 대해 믿음을 가져보기 바란다.

## 일시정지를 시작하기 위한 3단계 처방전

삶은 매 순간 서로 연결되어 있다. 일시정지란 길게 연결된 삶이라는 길 위에 커다란 획을 그어 마디를 나눠주는 일과 같다. 그 마디사이에 당신이 채워야 할 일들이 무엇일지 상상해보라. 그것이 바로 '일시정지의 계획'이다. 어떤 일을 얼마나 할지 자기 나름대로 구조를 세워본다면, 막연함으로부터 비롯되는 모든 두려움을 떨쳐버릴수 있다.

아래 세 가지 단계는 잠시 쉬어가야 한다는 생각을 갖고 있지만좀처럼 용기를 내지 못하는 사람들에게 '등을 떠밀어주는 발판' 역할을 해준다. 삶을 변화시키고 싶은 의지가 있다면 하나씩 따라 해보면서 내 안에 숨을 갈망을 찾고 용기를 얻어보기 바란다.

### #1단계. 엉망진창 초고 쓰기

나는 2015년에 열린 '구글 여성 직원 컨퍼런스'에서 『라이징 스트롱』의 저자 브레네 브라운 Brene Brown의 출판 기념회에 참석했다. 그녀는 청중들을 향해 '자신의 감정을 만들어내는 내면의 목소리를 어떻게 찾을 수 있는가?'에 대해 소개해주었다. 그녀가 제시한 방법은 "당신의 '엉망진창 초고'를 작성해보라"라는 말이었다.

그녀에 따르면 당신이 지금 느끼는 감정이 아무리 엉망이고 불완전하더라도, 일단 글로 써보면 자신에 대한 인식력을 키울 수 있다고 한다. 아무에게도 보여줄 필요가 없으니 최대한 솔직하게 비밀일기를 쓰는 것처럼 작성하면 된다. 브라운은 이것을 일컬어 '당신의 아이 같은 자아가 쓰는 첫 번째 원고'라고 불렀다.[10]

자신이 느끼는 몸과 감정 상태, 생각과 믿음, 그에 따른 행동들을 글로 정리해보면 어느 정도 상황을 객관적으로 판단할 수 있다. 꼭 장문의 글을 쓸 필요는 없다. 손바닥만 한 포스트잇에 적거나 항목으로 간단히 정리해보아도 좋다. 그리고 이렇게 작성한 초고는 당신이 일시정지를 계획할 때에도 꽤 큰 도움이 된다. 이를 통해 우리는 자신의 행동을 가로막는 제한적 신념을 파악하고, 두려움의 원인을 인지하며, 일시정지의 시간 동안 무엇을 해야 하는지 알 수 있다.

### '일단 부딪혀보자'는 마음가짐, 성장 마인드셋

만약 아직까지도 일시정지의 시간을 갖는다는 것에 대해 두려움을 느낀다면, 먼저 자신의 태도부터 살펴보라. 엉망진창 초고를 쓰는 일을 포함하여 어떤 노력을 하든지, 자기 자신을 응원하고 일으켜 세우는 최고의 방법은 '성장 마인드셋Growth mindset'을 활성화시키는 것이다.

혹시 '고정 마인드셋Fixed mindset'과 '성장 마인드셋'이라는 말을 들어본 적 있는가? 스탠퍼드 대학교 심리학과 교수인 캐롤 드웩Carol

Dweck은 성장 마인드셋을 연구하는 세계적 석학이다. 그녀는 자신의 책 『마인드셋』에서 성장 마인드셋을 '도전을 위협이 아닌 흥미로 받아들이는 마음의 태도'라고 정의했다.[11]

성장 마인드셋을 가진 사람들은 '일단 해보자!'라는 마음이 강하다. 그들은 비록 실패할지라도 그 기회를 통해 배우고 성장할 수 있다고 믿는다. 드웩은 훌륭한 리더가 되고 싶은 사람, 삶의 매 순간마다 발전을 이루고 싶은 사람들에게 "반드시 성장 마인드셋을 가져야 한다"라고 강력히 말한다. 반대로 고정 마인드셋을 가진 사람들은 '똑똑해 보여야 한다'는 강박관념에 사로잡혀 과감히 새로운 일에 도전하지 못한다.

성장 마인드셋을 가지면 누구든 성장을 지속할 수 있고, 잠재력을 폭발시킬 수 있다. '나는 왜 이 정도밖에 안 되는 걸까?' '내 한계는 여기까지야'라는 생각들은 사실 우리 내면에서 스스로가 만들어낸 벽에 불과하다. 무언가 새로운 일을 배우기 위해 잠시 멈추는 것은 우리에게 성장 마인드셋을 가질 기회가 된다. 편안한 안전지대에서 벗어나 지적 · 정서적으로 능력을 확장시키는 엄청난 도전이기 때문이다. 무엇보다도 성장 마인드셋을 가지면 삶의 순간마다 고비에 부닥쳤을 때, 벽을 뚫고 나아갈 수 있는 힘이 생긴다. 포기하거나 주저하는 대신 성장하고, 배우고, 멈출 수 있는 용기를 가지는 셈이다.

# #2단계. 변화를 단단히 결심하기

결심은 당신이 진정으로 원하는 바에 다다를 수 있게 하는 가장 확실한 방법이다. 특정한 일을 하고자 하는 '강력한 의지'는 당신의 행동 하나하나에 의미를 부여하여 결과에 집중할 수 있도록 돕는다. 지금 이 순간, 내가 일시정지를 통해 무엇을 얻고자 하는지 생각해보라. 그리고 이를 실현시킬 수 있는 '목표'를 세워라. 목표는 막연한 다짐의 문구가 아니다. 구체적이고, 측정이 가능하며, 데드라인이 정해진 결과물이어야 한다. '두 달 안에 10킬로그램 감량하기' '올해 안에 일본어 자격증 따기' '일주일에 적어도 하루는 데이트하기'와 같은 것이다. 다만 '목표 설정'과 '결심'은 다른 개념이라는 점을 유의하기 바란다. 목표도 행동을 이끄는 좋은 동기부여제이지만, 진정으로 당신을 움직이게 하고 변화시키는 것은 '결심'이다.

결심을 함으로써 우리는 일시정지의 시간을 통해 얻고자 하는 바를 그려볼 수 있다. 일시정지의 시간을 가지기 전에, 그리고 그 과정과 이후에 계속해서 결심을 되새기는 작업이 중요하다. 성공적인 일시정지 계획이란, 사실 '무엇을 하느냐'보다는 '새로운 공간에서 어떤 변화를 일으킬 것인가?'와 더 관계가 깊다. 단순히 '스마트폰을 멀리하겠다'가 아니라, '스마트폰을 멀리함으로써 가족과 더 많은 대화 시간을 보내겠다'라는 식의 구체성이 있어야 한다. 다음 몇 가지 결심의 예를 살펴보자.

… 침대에서 일어나기 전, 나와 관계된 모든 사람에게 진심을 다할
것을 결심한다.

… 일을 마치고 집에 돌아왔을 때, 일에 대한 생각을 그만두고 가
족(또는 파트너)에게 최선을 다하겠다고 결심한다.

… 사무실에 들어가기 전, 여섯 번 심호흡을 하고 평온한 마음 상
태를 유지하겠다고 결심한다.

… 오늘 만나는 모든 사람에게 미소를 띠며 이야기해야겠다고 결
심한다.

### 결심을 지탱해주는 일기 쓰기의 힘

구글로부터 90일간의 휴가를 받았을 때만 해도, 나는 '엉망진창
초고'에 대해 알지 못했다. 그 대신 분홍색 스프링노트 하나를 구입
해 그때그때 떠오르는 생각과 인사이트를 적어두었다. 내 가능성과
계획을 정리하는 일종의 '일기장'이었던 셈이다.

일기를 쓸 때 우리는 스스로를 충전시킬 수 있다. 글을 쓰는 물리
적인 행위는 뇌에 신경학적인 영향을 끼친다. '기록의 힘'을 설파하
는 헨리에트 앤 클라우저Henriette Anne Klauser 박사는 자신의 책 『종이
위의 기적, 쓰면 이루어진다』에서 '글을 쓰면 뇌의 망상 활성화 시스
템이 자극을 받아서 대뇌피질에 주의를 집중하라는 신호를 보낸다'
라고 설명했다.[12] 또 감정에 변화를 준 사건에 대해 이틀 연속으로
최소 2분간 일기를 쓰면, 기분을 개선하고 행복감을 상승시킨다는

연구 결과도 있다.[13] 일시정지에 대한 당신의 목표와 계획, 감정에 대해 일기를 써보면 결심을 계속 상기시킬 수 있고, 시간의 흐름에 따라 내가 어떻게 변화하는지를 성찰해볼 수 있다. 이전에는 알지 못했던 새로운 생각과 변화가 말 그대로 '종이 위에서 샘솟는 것'이다.

## 못하는 일 말고, 잘하는 일에 집중하라

당신은 자기 자신이 어떤 일에 능한지 알고 있는가? 혹은 특정한 업무를 수행했을 때 누군가로부터 칭찬을 받은 적이 있는가? 사실 일시정지에 앞서 자신의 강점을 파악하는 일은 매우 중요하다. 어떤 분야에 능숙한지를 알면, 반대로 잘하지 못하는 일도 파악하고 조정하기가 쉬워진다.

2015년 미국에서는 1000명의 직장인 남녀를 대상으로 '행복'에 관한 설문조사를 실시했다. 조사 결과에 따르면, 직장에서 행복을 찾는 가장 좋은 방법은 '자신의 강점을 파악하는 것'이었다.[14] 자신이 하는 업무의 큰 틀에서 특별히 강점을 보이는 분야를 콕 집어낼 수 있다면, 일의 능률도 한층 더 강화시킬 수 있다.

실제로 나는 일시정지의 시간 동안 내 강점을 제대로 파악하기 위해 의식적인 노력을 했다. 그 결과를 토대로 다음 커리어를 구상하기 위해서였다. 내 다음 커리어가 무엇이 됐든지 간에, 나는 내 강점을 최대한 발휘할 수 있는 일을 하고 싶었다. 또 도널드 클리프턴 Donald Clifton과 톰 래스 Tom Rath가 지은 『위대한 나의 발견 강점혁명』이라는 책을 읽으며 내가 가진 다섯 가지 최고 강점을 발견하고, 앞으로의 삶을 계획해보았다.

여기에 더해 온라인 강좌 '1000달러를 벌어라'의 창립자이자 『부자가 되는 법을 가르쳐드립니다 Will Teach You to be Rich』(국내 미출간)의 저자 라미트 세티 Ramit Sethi의 가르침을 그대로 따랐다. 그는 자신의 강점을 가장 잘 이해하는 방법은 '자신을 잘 아는 사람 중 최소 다섯 명에게 직접적으로 물어보는 것'이라고 말했다.[15] 실제로 그렇게 해보니 반복되는 키워드와 주제가 나왔다. 나는 주변 사람들로부터 '관계를 구축하는 사람' '네트워크를 만들고 유지하는 사람' '사람을 좋아하는 사람'이라는 평가를 받았다. 이러한 묘사들이 내가 어떤 분야에서 가장 빛날 수 있는지를 알게 해주었다.

나는 주위 모든 사람에게 내가 가진 강점에 대해 의견을 묻고, 그들의 피드백을 분홍색 스프링노트에 적었다. 그러한 질문과 답을 통해 다음 커리어를 준비할 수 있는 강력한 동력을 얻었다. 또 예전 같으면 칭찬을 들었을 때 습관적으로 부정하거나 손사래를 쳤지만, 그때만큼은 칭찬을 의심하지 않고 그대로 받아들였다. 그렇게 비로소 나 자신에 대한 확신이 쌓여갔다. 자신감은 불어났고, 마치 깨끗한 공기를 흠뻑 들이마신 것 같은 상쾌한 위안을 얻었다.

나는 내가 인간관계를 만들고 유지하는 데에 탁월한 능력이 있음을 깨달았고, 구글에서 일하던 분야인 '온라인 광고 비즈니스'의 메커니즘에 대해 속속들이 알고 있었다. 친구들 사이에서는 재미있고 유쾌한 사람이었으며, 똑똑하고 무슨 일이든 나서서 처리했다. 그렇게 다시금 목적의식이 생겨났다. 스스로에 대한 인식이 밝아졌고, 내 강점이 그저 그런 능력이 아니라 아주 매력적인 자질이라는 사실을 깨달았다. 이러한 문답의 과정을 통해 궁극적으로는 나를 아주 빛나게 해줄 다음 커리어를 찾을 수 있었다.

당시에는 몰랐지만 그때 나는 스스로와 아주 깊은 '친밀감'을 형성하는 중이었다. 나를 타인에게 있는 그대로 열어 보였고, 이전에는 시도하지 않았던 방식으로 정보를 요청했다. 심리학자 데이비드 시나치David Schnarch가 정의한 '자기 검증형 친밀감'을 향해 한발 한발 나아간 셈이었다. 여기에서 말하는 '자기 검증형 친밀감'이란, 나 자신을 세상에 드러냄으로써 스스로에 대한 내적 지원을 획득하는 것이다.[16] 그러기 위해서는 남들이 나에 대해 어떻게 생각할지 걱정하는 마음부터 버려야 한다. 부정적인 평가를 들을 수도 있다는 점을 받아들여야 한다. 나 역시 내 강점에 대해 의견을 구할 때마다 남들의 평가를 신경 쓰지 않기 위해 노력했다. 아마도 살면서 처음으로 '타인으로부터의 인정'을 구하지 않던 시절이었던 것 같다. "너는 내 강점이 뭐라고 생각해?"라고 물을 때마다 스스로를 검증할 수 있었고, 생산적이고 가치 있는 피드백을 얻었으며, 나 자신에 대한 믿음을 견고히 할 수 있었다. 스스로가 연약하게 느껴지고 겁도 났지만, 동시에 해방감도 맛보았다.

# #3단계. 기분이 좋아지는 일을 계획하기

일시정지의 시간을 갖기에 앞서, 그 시간을 어떻게 활용할 것인지 점검해보는 작업이 필요하다. 앞서 말했듯이 계획이 꼭 구체적이거나 촘촘할 필요는 없다. 약간은 모호하고 열린 상태로 두는 편이 훨씬 더 낫다. 나는 내가 원하는 일을 몇 가지 항목으로 정리하여 큰 틀을 짜고, 나머지 시간은 과감하게 빈칸으로 남겨두었다. 하루에 딱 한 가지 일만 하기를 바랐다.

당신도 일시정지에 앞서 너무 많은 일을 계획하느라 힘을 빼는 대신, 진정으로 나의 행복에 도움이 되는 몇 가지 일을 선별해보기 바란다.

### 실행에만 바쁜 존재들을 위하여

'비즈니스Business'는 '바쁘다Busy'라는 단어와 무척 닮았다. 둘 다 14세기 중세 영어 단어인 'Bisignes'에 어원을 두고 있는데, 이는 '신경 쓰임' '돌봄' '일이 너무 많은 상태'를 의미한다.[17] '일을 한다' 는 것이 그만큼 신경 쓰이고 바쁘다는 점을 암시하게 하는 대목이다.[18] 그렇다면 대체 어느 정도로 바빠야 우리의 직업이 유지되는 것일까? 왜 우리는 이렇게 바쁘게 일을 하면서 살아가는 것일까?

최근에 오빠와 나는 뉴욕에 살고 있는 어머니와 새아버지를 만나러 가자고 계획했다. 그러던 중 오빠는 '자신이 얼마나 바쁜 사람들

틈에서 살아가고 있는지'에 대해 이야기했다. 그리고 여기에는 우리 어머니 버지니아도 포함되어 있었다. 오빠는 그런 사람들을 '매 순간 끊임없이 움직이는 기계'라고 불렀다.

실제로 주위를 둘러보면 느긋하고 여유 있는 사람들보다 우리 어머니처럼 늘 바쁘고 정신없이 살아가는 사람들이 훨씬 더 많다. 우리 안의 '존재'는 드러나고 인식하고 실재하기를 원하는 반면, 우리 안의 '실행'은 성취하고 더 많이 달성하고 싶어 한다. 두 가지 측면 모두 우리의 자아를 구성하는 필수적인 조각이지만, 현대 사회에서의 우리는 '실행'에만 집중하느라 정작 '존재'의 중요성을 간과하고 만다. 하루하루가 너무 바빠서 '아무것도 하지 않는 시간'의 강력한 힘을 느껴보지 못한 채 살아가는 것이다. 그럴 때 잠깐 동안의 일시정지가 '존재'와 '실행'의 균형을 맞추는 데에 도움이 된다. 특히 성과에 목숨을 거는 '실행가 스타일'의 사람들은 반드시 일시정지를 삶의 기술로 익혀두어야 한다.

우리가 무언가를 하는 이유는 그렇게 함으로써 기분이 좋아지기 때문이다. 그 결과로 인해 충만함과 성취감도 느낀다. 그런데 실행에 앞서 '어떤 행동이 내 행복에 도움이 될까?'라고 진지하게 질문해본 사람이 몇이나 될까? 그저 실행에만 심취해 방향을 잃은 줄도 모른 채 앞만 보고 달려가고 있지는 않았는가?

직장에서도 마찬가지다. 우리네 문화에서는 '바쁠수록 생산성과 이익이 높아진다'라고 생각한다. 느긋한 사람들에게는 '게으름뱅이'

라거나 '귀중한 시간을 낭비하는 사람'이라는 굴레가 씌워지곤 한다. 해결해야 할 문제를 앞에 두고 잠깐 산책이라도 나갔다가는 '대책 없는 몽상가'라는 평판을 얻게 되기 십상이다. 하지만 이는 완전히 잘못된 생각이다. 잠깐의 일시정지가 우리를 가장 창조적인 상태로 만들어주며, 수많은 데이터가 이를 증명하고 있기 때문이다.

2013년, 미국의 과학 잡지《사이언티픽 아메리칸》에 실린 한 기사에서 과학저널리스트 페리스 자브르Ferris Jabr는 시간 활용에 대한 연구 결과를 소개하면서, '몽상' 즉 아무것도 하지 않는 상태의 효율성을 요약하고 새로운 통찰을 제시했다.[19]

> "풀기 어려운 문제가 있을 때 '몽상(대개 샤워를 하면서 경험하는 현상)'을 하면 간접적으로 해결된다'는 연구 결과가 있다. 이러한 깨달음이 어디에서 기원하는지는 정확히 알 수 없지만, 주로 한가한 시간에 발생하는 무의식적 정신 활동의 산물인 경우가 많다. 세계 최대 법률정보서비스기관 '렉시스넥시스'가 2010년에 미국, 중국, 남아프리카 공화국, 영국, 호주의 사무직 근로자들을 대상으로 설문 조사를 벌인 결과, 직장인들은 업무 시간 중 절반 이상을 업무 처리가 아닌 정보를 수신하고 관리하는 데 사용하는 것으로 드러났으며, 응답자 중 절반은 감당하지 못할 정도로 데이터가 폭주한 뒤에 한계점에 이르는 '번아웃 증후군' 현상을 경험했다고 고백했다."

만약 기업에서 '단 5분간의 일시정지'를 문화로 흡수하고 시행한다면 어떤 일이 발생할까? 일시정지의 힘을 통해 직원들은 개인적·업무적으로 잠재력이 발휘되어, 무작정 바쁘게만 내달릴 때보다 훨씬 더 생산적인 시간을 보낼 수 있게 되지 않을까? 이것이 바로 페이스북이나 구글과 같은 발 빠르고 젊은 글로벌 기업들이 업무 중에 잠깐의 휴식과 명상을 장려하는 이유다.

### '나 좀 알아봐달라'는 내면의 외침

내가 소개하고자 하는 '깊게 듣기'란 '내면의 소리를 듣고 직관에 따라 행동하는 것'이다. 일시정지를 계획할 때 '직관'을 안내자로 삼아보라. 어떠한 의문과 의심이 떠올라도 오직 내면에만 집중해보라는 뜻이다.

깊게 듣기는 자기 내면의 목소리를 수면 위로 끌어올리고, 갈망을 우선시하게 만든다. 하지만 평소에 우리는 스스로를 너무나 바쁘게 만들어 삶에 여유를 느끼지 못하고, 내면에서 들려오는 신호를 놓치고 만다.

물론 일시정지를 시작하기 전에도 내 안에서 외치는 간절한 목소리를 들은 적이 있었다. 하지만 대개는 그 목소리를 무시하거나, 볼륨을 줄여버리곤 했다. 자신을 되돌아보거나 좀 더 깊이 느끼는 대신, 그냥 바쁘게 지내는 쪽을 택했던 것이다. 만약 내가 내면의 목소리에 귀 기울이고 스스로를 보호하려는 신호에 신경 썼더라면, 아마도 다음과 같은 이야기를 들을 수 있었을 것이다.

> … 왜 내 말을 듣지 않는 거야?
> … 왜 그렇게 일을 많이 하는 거야?
> … 왜 자꾸 나를 피하려고 하니?

바쁨에 치여 살던 시절, 나는 나 자신을 받아들일 준비가 전혀 되어 있지 않았다. 그런데 일시정지를 시작하고부터는 내면의 목소리를 깊게 들을 수 있었다. 그 목소리를 듣고 나서야 비로소 '내게 지금 필요한 일이 무엇인지'를 깨닫게 되었다. 마침내 진정으로 나 자신에게만 충실할 수 있었다.

### 깊게 듣기를 삶의 방식으로 삼는 법

깊게 듣기의 효과는 단지 일시정지를 계획하는 데에만 그치지 않는다. 내면의 목소리에 귀 기울이면, 어떠한 순간에도 당신의 감정과 존재에 집중할 수 있다. 당신에게 어울리는 길을 찾아주고, 어떤 선택을 내려야 하는지를 알려준다는 뜻이다. 지금 당신의 감각에 집중하고 마음에 침묵을 허락하라. 시각, 청각, 미각, 촉각, 후각 등 당신의 모든 감각기관에 전달되는 데이터를 수집하라. 무엇이 보이고 무엇이 들리는가? 그로 인해 내가 느끼는 감정은 무엇인가? 집중이 되지 않고 마음이 이리저리 흔들린다면, 일단 자신의 호흡에 집중해보아야 한다.

깊게 듣기는 일상생활에도 도움을 준다. 집중이 되지 않고 주의가 산만해질 때를 생각해보라. 어떤 순간에 그런 기분이 드는지를 인지하면, 그때마다 깊게 듣기를 통해 다시 일에 집중할 수 있다. 자기가 하고 있는 일에 더욱 깊이 빠져들 수 있고, 비로소 스스로에게 충실한 상태가 될 수 있는 것이다.

무언가 일이 잘 풀리지 않을 때 계속 그 일을 붙잡고 고민하기보다, 단순반복적인 노동을 하거나 운동을 할 때 새로운 해결책이 떠오르는 경험을 해본 적 있을 것이다. 잡념이 사라져서 내면의 목소리가 퍼져 나올 수 있는 공간이 마련된 덕분이다. 그러니 나를 괴롭히는 모든 일로부터 벗어나 잠시 멈추어라. 그리고 스스로에게 이렇게 물어보라.

나는 지금 어떤 기분을 느끼고 있는가?
최근에 벌어진 일 중 어떤 일이 내 감정에 영향을 미쳤는가?

깊게 듣기는 의식 없이 무작정 폭주하는 삶에서 벗어나게 해주고, 틀어져버린 인간관계를 바로잡으며, 당신이 진정으로 이루고자 하는 비전에 한 걸음 더 가까이 다가가게 해준다.

실제로 깊게 듣기가 심박수를 낮추고 스트레스를 줄여준다는 연구 결과도 존재한다. 미국의 심장과학 연구기관인 '하트매트연구소'

의 소장 롤린 매크래티Rollin McCraty는 규칙적으로 깊게 듣기를 하거나 명상을 하면, 생리적인 일관성이 커져 인지수행 능력이 향상된다고 주장했는데, 이는 육체적·정신적·감정적 시스템이 동기화되는 능력을 말한다. 그는 어느 신문 기사에서 "깊게 듣기는 정신력을 강화하고 정신을 차분하게 만든다. 차분해진 정신 상태는 명확한 사고를 돕고, 이는 다시 우리를 더 창조적이게 만들고, 에너지를 덜 소진하게 해주며, 현실을 통찰할 수 있게 해준다"라고 말했다.

자신이 좋아하는 일을 열정적으로 하면서 사는 것만큼 인생의 큰 기쁨이 있을까? 바쁘게 일하는 삶도 분명 의미 있고 충만한 삶이다. 다만 일상의 중간중간마다 깊게 듣기를 실천하며 '지금 하고 있는 일이 내 삶에 어떤 영향을 미치는지' '그 일을 하는 진짜 동기가 무엇인지'를 정확하게 파악해보기 바란다. 내가 사랑하는 그 일이 내 영혼을 살찌우고 있는가? 만약 그렇다면 몸과 마음이 긍정적인 반응을 보내올 것이다. 반대로 하기 싫은 일을 억지로 하거나 몸과 마음에 부담을 주고 있다면, 깊게 듣기를 통해 삶을 바로잡고 망가진 자신을 회복시켜보기 바란다.

## 숨겨왔던 내 안의 진짜 목소리를 찾아서

이제까지 당신은 일시정지를 계획하기 위한 '세 가지 단계'에 대해 알아보았다. 먼저 엉망진창 초고를 작성해 자신을 가로막고 있는 두려움의 실체를 파악하고, 일시정지를 통해 얻고자 하는 바를 단단히 결심한 뒤, 마지막으로 깊게 듣기를 통해 내가 진정으로 원하는 갈망을 인지하고 계획을 세워보는 것이다. 이제 이들을 한데 모아야 할 때가 왔다.

잠시 동안 책을 덮고 당신이 누릴 수 있는 이상적인 일시정지의 모습을 상상해보라. '나는 해낼 수 없을 거야'라는 부정적인 생각을 버리고, 과감하게 몽상을 해보는 것이다. 어떻게 시간을 마련할 수 있을까? 일시정지를 통해 내 삶은 어떻게 변화할까? 이제껏 무시하고 미루어왔던 내면에 목소리에 집중해보기 바란다. 새로운 언어를 배우고 싶다거나, 하루 동안 휴식을 취하며 보고 싶었던 영화를 보는 등 자신이 원하는 일시정지의 모습을 상상해보면, 저절로 몸과 마음이 반응을 보내올 것이다. 편안하고 미소가 지어지는가? 아니면 딱딱하게 굳어 경직되는가? 내면의 목소리에 집중하면 진실로 내가 원하는 바가 무엇인지를 몸과 마음의 반응을 통해 정확히 판단해볼 수 있다.

마지막으로 일시정지를 계획하기에 앞서 자신에게 물어야 할 질문이 있다.

2년 후 나는 지금보다 더 행복할까?
2년 후의 내가 지금의 나를 보면 어떤 조언을 해줄까?

이 질문에 대한 답까지 내렸다면, 축하를 보낸다. 드디어 당신은 일시정지를 위한 첫 삽을 뜬 셈이다! 물론 그 삽질은 앞으로도 계속 되겠지만.

결심을 세울 때 주의해야 할 점이 한 가지 더 있다. 불가능하고 고귀하며, 거대하고 무한한 목표를 자신의 종착점으로 삼지 말아야 한다는 것이다. 그보다는 자신이 가고자 하는 방향을 향해 매일매일 작은 발걸음을 내디뎌야 한다. 지킬 수 있는 결심을 세우고 꾸준히 되뇌며 습관으로 길들여라. 모든 작은 결심이 모여 예전에는 발견하지 못했던 새로운 나를 만들고, 더 큰 도전을 가능하게 만들 것이다.

# PRACTICE

## ❙❙ **1단계.** 엉망진창 초고 쓰기

지금 이 순간, 내 몸과 마음이 느끼는 감정을 솔직하게 적어보라.
문장이 엉망진창이거나 내용이 엉성해도 상관없다. 오늘 하루 동
안 기분은 어땠는지, 평소에 하고 싶었던 일이 무엇인지, 요즘 주
변 인간관계는 원만한지 등 마음의 속삭임을 부담 없이 글로 적어
보기 바란다.

_____

_____

_____

_____

## ❙❙ **2단계.** 변화를 단단히 결심하기

짧게는 하루, 길게는 몇 개월 동안 일시정지의 시간을 누릴 수 있
다면, 무엇을 하고 싶은지 결심해보라. 그 시간을 통해 어떤 사람
으로 변화하기를 기대하는가? 결심의 문장을 포스트잇에 적어 눈

에 띄는 곳에 붙여두거나, 결심과 변화의 과정을 다이어리에 적어
보기 바란다.

_____

_____

_____

_____

**Ⅱ** **3단계.** 기분이 좋아지는 일을 계획하기

깊게 듣기를 통해 내 몸과 마음을 행복하게 만드는 일이 무엇인지
를 파악해보라. 너무 많은 일을 계획하기보다는, 핵심적인 몇 가
지 항목을 나열해놓고 중간중간 빈틈을 남겨두는 것이 중요하다.

_____

_____

_____

_____

# 4장

# 새로운 나로
# 변화할 수 있다는
# 믿음

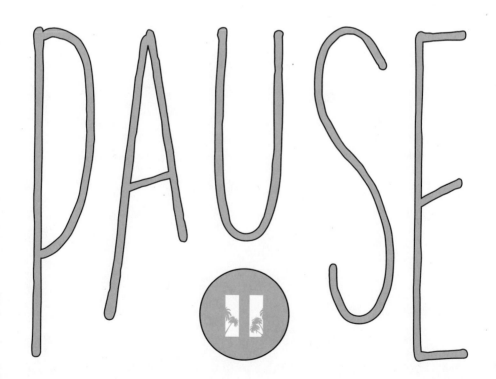

어린 시절에는 '형성'이 삶의 목표이지만,
성인이 된 우리는
'전환'을 삶의 목표로 삼아야 한다.

– 잭 머지로우Jack Mezirow, 미국의 교육학자

# PAUSE

⏸ 이제 당신은 자신의 갈망과 그 갈망을 채우기 위한 결심에 대해 이해했을 것이다. 그다음으로 해야 할 일은 일시정지의 시간을 최대한으로 활용하기 위해 변화의 가능성을 넓히고, 나를 주저하게 만드는 부정적인 생각들을 말끔하게 청소하는 일이다. 일시정지는 1분이 될 수도 있고 몇 주가 걸릴 수도 있다. 유급 휴가이거나 무급 휴가일 수도 있고, 이직을 하며 생긴 짬이 될 수도 있다. 어떤 형태의 일시정지든 도전을 흥미로 받아들이고 새로운 기회를 통해 자신을 성장시킬 수 있다고 믿으면, 즉 올바른 성장 마인드셋을 갖추면 언제든 긍정적인 방향으로 자신의 삶을 변화시킬 수 있다.

## 스스로를 괴롭히는 무의식을 청소하는 법

일시정지의 시간을 갖기에 앞서 왜 우리는 '최상의 마음 상태'를 만들어야 할까? 어린 시절의 우리는 별다른 인식 없이 그저 주어진 환경에 따라 적응하고 자신을 변화시켜왔다. 마치 수조 안에 들어 있는 물고기처럼 자신을 둘러싼 상황만 이해하고, 그 안에서만 존재하고 사고했던 것이다. 다행히도 우리는 물고기의 상태로부터 월등히 진화했다. 한 인간으로서, 또 한 명의 어른으로서 '자신의 한계를 인식할 수 있는 능력'과 함께 '자신을 변화시킬 수 있는 능력'을 갖추었다. 즉, 주체적인 사고를 할 수 있게 된 셈이다.

만약 당신이 스스로를 괴롭히는 부정적인 마음을 통제하지 못하고 의식적으로 상황을 변화시키려고 노력하지 않는다면, 자기도 모르는 사이에 무의식의 지배를 받고 말 것이다. 수많은 전문가의 연구가 무의식의 강력한 힘을 증명하고 있다.[20]

··· 무의식은 의식보다 약 100만 배 더 강력하다.
··· 의식을 관장하는 전전두엽은 초당 40개의 신경 자극을 처리하는 데 반해, 뇌의 무의식을 관장하는 부분은 초당 400만 개의 신경 자극을 처리한다.

'애착이론'이라는 말을 들어본 적 있는가? 최초 양육자와의 애착을 통해 경험한 모든 일이 한 사람의 '무의식'을 형성한다는 이론이다.[21] 그리고 무의식은 우리의 감정, 사고방식, 신념, 자존감, 인간관계에 지대한 영향을 미친다. 어린 시절에 형성된 우리의 '작동 시스템'은 의식적으로 변화를 꾀하지 않는 이상, 죽을 때까지 변하지 않고 지속된다.

## 뇌를 이해하면 반드시 변할 수 있다

그렇다면 우리는 계속 강력한 무의식의 지배를 받으며 살아가야 하는 것일까? 다행히도 어른이 된 우리에게는 '신경가소성'이라는 힘이 내제되어 있어서, 마음만 먹으면 언제든지 '자신이 되고자 하는 모습'으로 변화할 수 있다. 신경가소성이란 '인간의 두뇌가 경험에 의해 변화되는 능력'을 뜻하는데, 최근에 들어서야 이러한 능력이 과학자들에 의해 밝혀졌다.

과거에는 유년기 시절에 형성된 두뇌의 능력이 이후에는 절대로 변하지 않는다고 믿었다. 또 두뇌는 뉴런을 '상실'만 할 뿐 절대로 다시 '생성'할 수 없다는 전통적인 입장이 우세했다. 하지만 그러한 통념은 최근에 들어서 완전히 깨졌다. 어릴 때만큼은 아니더라도, 나이가 들어서도 얼마든지 고착화된 습관과 무의식을 바꿀 수 있다는 말이다.[22]

어린 시절의 좁은 시각과 경험으로 만들어진 잘못된 믿음은 한 사람의 인생 전반에 해를 끼친다. 그래서 우리는 나와 타인, 그리고 세상에 대한 잘못된 믿음이 스스로에게 악영향을 미치지 않도록 수시

103

로 무의식을 끄집어내어 환한 빛을 비춰보아야 한다. 밝은 불빛 아래에 비춰보면 가려져 있던 것들이 뚜렷하게 보이듯이, 무의식의 세계도 마찬가지다. 이것이 바로 '마음 청소'의 시작이다.

그렇다면 무의식을 어떻게 인지하고 변화시킬 수 있을까? 오래된 신념에서 비롯된 부정적인 생각이 고개를 불쑥 내밀 때마다 '일시정지'라는 밝은 빛을 대어보기 바란다. '나는 왜 이렇게 부족할까?' '나는 원래 도전하는 것을 좋아하지 않아' '돈도 없고 시간도 없는데 뭘 할 수 있겠어?' 이런 생각이 들면 잠시 멈춰라. 부정적인 생각이 나를 더 망치고 있다는 사실을 인지해야 한다.

만약 당신의 머릿속이 부정적인 생각들로 가득 차 있다면, 최대한 빠르게 바로잡아야 한다. 두뇌는 신경가소성이라는 능력으로 인해 적응에 무척 능한데, 당신의 행복과 건강에 해로운 영향을 미치는 생각에도 빠르게 적응한다. 부정적인 속삭임이 반복될수록 이는 당신의 신경망에 점점 더 단단히 뿌리내릴 것이다.[23] '생각하는 대로 이루어진다'라는 말도 있지 않은가?

나를 괴롭히는 무의식에 밝은 빛을 밝히면 신경가소성이 활성화되어 당신의 내면이 변화할 것이다. 두뇌를 훈련시킨다고 생각하면 된다. 부정적인 무의식을 포착하고 골라내어 그때마다 새로운 행동과 감정으로 상황을 처리하면, 당신의 두뇌에 새로운 뉴런이 생성될 것이다. 이렇게 당신의 내부 세계가 변화하면, 일상의 경험을 포함한 주위의 모든 것도 함께 긍정적으로 변화할 것이다.

마음을 청소하는 것은 집을 보수하는 일과 매우 비슷하다. 가장 기본이 되는 토대를 파악하여 기초부터 올바른 방향으로 개선시켜야 하기 때문이다.

머리로는 나에게 일시정지가 필요하다는 사실을 알지만, 마음속에서 불쑥불쑥 '정말 그래도 될까?' '내가 해낼 수 있을까?' 하는 두려움이 느껴진다면, 자신의 마음을 형성하는 가장 기본적인 토대인 '무의식'을 꺼내어 점검해보아야 한다.

나는 내 모든 기억과 신념, 행동과 경험이 마음속 진열대에 놓인 '녹음테이프'라고 생각한다(나는 1980년대에 유년기를 보냈기 때문에 '테이프'라는 단어가 익숙한데, 당신에게는 'CD'나 'mp3파일'이 더 익숙할지도 모르겠다). 즉, 각각의 상황마다 그때그때 필요한 테이프를 꺼내어 재생하고, 다 들은 다음에는 다시 진열대에 놓아둘 수 있다는 의미다.

우리의 두뇌가 가진 가장 일반적인 방어기제(자아가 위협받는 상황에서 무의식적으로 자신을 속이거나 상황을 다르게 해석하여, 감정적 상처로부터 자신을 보호하는 심리의식)는 마음속 진열대로부터 '두려움 테이프'를 꺼내드는 것이다. 새로운 미션이 주어지거나 도전을 하려고 할 때마다 우리의 마음속에서는 '두려움 테이프'가 재생되어 행동을 가로막는다. 이럴 때 바로 '마음 청소'가 도움이 된다. 두려움이 느껴질 때마다 그 순간을 포착하고, 그러한 감정을 '테이프'라는 물건으로 생각해보기 바란다. 두려움이 나를 지배하도록 내버려두지 말고, 빠르게 다른 감정으로 갈아 끼워야 한다는 뜻이다.

나의 선택과 실행을 가로막는 마음속 테이프는 다음과 같다.

**두려움 테이프** ⋯ 그 일을 하지 말아야 할 수백 가지 이유를 만들어낸다.

'만약 실패하면 어떡하지?'

**통제불가 테이프** ⋯ 통제할 수 없는 온갖 상황을 들먹이며 실행을 주저하게 만든다.

'새로 잡은 직장이 마음에 안 들면 어떡하지?'

**의존감 테이프** ⋯ 누군가의 허락이나 인정을 핑계로 지금의 상태를 유지하게 만든다.

'가족들은 내 결정에 대해 어떻게 생각할까?'

**돈 걱정 테이프** ⋯ 남과 나를 비교하게 만들고, 새로운 해결책이나 대안을 찾지 못하도록 훼방을 놓는다.

'돈도 없는데 무슨 여행이야.'

**자기파괴 테이프** ⋯ 삶에 가장 악영향을 끼치는 생각들로, 자존감과 자신감을 동시에 파괴시켜 삶의 의지마저 꺾이게 한다.

'이걸 한다고 달라지는 게 있겠어? 시간 낭비일 뿐이야.'

이러한 테이프들은 의식하지 못하는 사이에 내 마음속에서 계속 재생되고 있다. 100퍼센트 없앨 수는 없지만, 그럼에도 우리는 이 테이프들을 항상 인식하고 새로운 것으로 갈아 끼우기 위해 노력해야 한다. 즉, 어떤 생각이 나에게 최선인지를 파악하여 새로운 신념을 만들어내야 하는 것이다.

## 자존감 낮은 야구선수에서 동기부여 전문가로

_ **마이크 로빈스** Mike Robbins

…                  대학 리그에서 투수로 활약했던 마이크는 스탠퍼드 대학교를 졸업하고, 미국 프로야구단 캔자스시티의 마이너리그에 입단했다. 하지만 얼마 지나지 않아 갑작스러운 부상을 당했고, 유망주였던 그의 삶도 통째로 무너졌다. 부상 이후 아무것도 할 수 없다는 자괴감 때문에 하루하루를 괴로움 속에서 보내기 일쑤였다. 결국 그는 야구를 접고, 인생의 다른 경로를 모색하기에 나섰다.

**예산** 모아둔 저축액 전부

**기간** 5개월

**목적** 자존감을 되찾고 삶의 소명을 발견하기 위하여

**계기** 부상을 당하고 가까스로 마음을 다잡은 그는 인터넷 광고 회사의 영업자로 취업했다. 그 회사는 1990년대에 불어닥친 '닷컴 호황' 덕분에 곧 상장을 앞두었을 만큼 승승장구했다. 하지만 2000년대 중반쯤 다른 인터넷 기업들과 마찬가지로 그의 회사 역시 상황이 어려워졌고, 결국 정리해고의 대상자가 되었다. 해고 통지서를 받은 마이크는 앞으로 뭘 하며 살아야 할지 극심한 스트레스와 불면증에 시달렸다.

**활동** 당장 일자리를 알아보아야 할 것 같았다. 그래야 마땅했으니까. 하지만 새로운 일자리를 구하기란 쉽지 않았다. 과거에는 지원한 회사에서 거절을 당하면 조금 마음이 쓰라리긴 했지만 그래도 완전히 좌절에 빠지지는 않았다. 하지만 이번에는 달랐다. 작은 거절에도 쉽게 마음이 무너졌고, 설상가상으로 여자친구와도 결별했다.

결국 그는 구직을 그만두기로 결심했다. 무언가 변화가 필요한 시점임을 직감했다. 5개월 동안 배낭여행을 하며, 너무 늦기 전에

버킷리스트를 실행해보고 싶었다. 호주에 가서 2000년 올림픽게임을 직접 관람했고, 이후로도 런던과 파리, 뉴욕 등 가보고 싶었던 곳을 마음껏 유랑했다.

**영향** 세상이 완전히 새롭게 보이기 시작했다. 아무것도 할 수 없을 거라는 자괴감 대신, 무엇이든 해낼 수 있다는 자신감이 샘솟았다. 또 자신이 인생에서 진정으로 바라는 일들을 알아냈다. 여행을 하는 동안 느꼈던 감정을 가슴에 안고, 하루하루를 보다 충만하게 살았다.

그는 2000년 말에 샌프란시스코로 돌아와 '랜드마크 월드와이드'라는 교육기관에서 동기부여 수업을 받았고, 그곳에서 배우자가 된 미셸을 만났다. 자신의 성장에 집중하고 인생을 다르게 살수 있는 방법에 대해 배우면서 그의 사명감도 점점 커졌다. 그는 '다른 사람들을 돕는 일'이 자기 삶의 사명이라고 굳게 믿었다. 결국 코칭과 컨설팅 관련 사업을 시작했고, 현재는《포춘》이 선정한 500대 기업에서 직원들을 위해 강의를 하고 있다.

그가 강연을 통해 전하는 핵심 메시지는 바로 이것이다. '만약 당신이 매 순간 감사함을 느끼고 표현한다면, 당신은 더욱 충만하고 성공적인 삶을 누리게 될 것이다!' 참으로 가치 있는 통찰이 아닐수 없다.

5개월 동안의 일시정지 이후 마이크는 『좋은 것에 집중하라』를 비롯해 총 세 권의 책을 펴냈다. 그리고 TED에서 감사에 관한 강연을 세 차례 진행했고, 다수의 컨퍼런스에 연사로 참여했다. 현재 그는 사랑하는 아내와 두 딸과 함께 살고 있으며, 매 순간 가족과 고객, 친구들에게 감사를 표하고 있다. 마이크에게 전화를 걸면 그의 자동응답기에서는 이런 말이 나온다.

"오늘 당신이 감사함을 느낀 일 한 가지를 이야기하세요."

......................................................................................................


# 일시정지를 위한 조언

### 1. 세상으로 뛰어들어 자기만의 날개를 펼쳐라

변화가 필요한 순간이라면 세상으로 자신을 던져보라. 자신이 새롭고 매력적인 곳에 착지하게 될 것이라는 믿음을 가져야 한다.


### 2. 준비보다 중요한 것은 실행이다

계획만 세우고 실행하지 않는다면 끝없는 계획의 쳇바퀴 속에 빠지기 쉽다. 스스로에 대해 자신감을 가지고, 이미 자신이 변화와 멈춤, 도전을 할 준비가 되어 있다고 믿기 바란다.

## 3. 도움을 요청하고 기꺼이 받아라

누군가에게 도움을 요청하는 것은 결코 창피한 일이 아니다. 당신을 지지하고 도와줄 사람을 찾아가 일시정지의 계획을 공유하라. 도움을 받으면 무슨 일이든 한결 수월해진다.

# 무너진 마음을 되살리는 '전기충격 요법'

부정적인 생각이 스르륵 고개를 내밀 때, 어떻게 하면 새로운 테이프로 갈아 끼울 수 있을까? 내가 '전기충격 요법'이라고 이름 붙인 방법을 시도해보라. 마치 범죄자를 체포할 때 쓰는 전기충격기처럼 한 방에 당신의 부정적인 생각들을 정리해줄 것이다.

당신은 평생 동안 갖가지 부정적인 생각들에 휩싸여 살아왔다. 이제 그것들에게 '전기충격'을 가해야 할 때다! 이 충격 요법은 '포착' '인지' '전환' '표현' '반복'이라는 다섯 가지 단계로 구성된다.

### 1단계. 포착하라

당신의 마음속에 부정적인 기운이 느껴진다면, 거기에 귀를 기울여보라. 딱 그 순간을 포착하는 것이 중요하다.

111

### 2단계. 인지하라

그러한 부정적인 생각이 어디에서 기인했는지를 생각해보라. 과거에 겪었던 실패 경험일 수도 있고, 현재 나를 가로막고 있는 장애물일 수도 있다. 단 여기에서 중요한 것은 부정적인 생각을 하는 나자신을 자책하지 말아야 한다는 점이다.

### 3단계. 전환하라

이제 그 생각을 새 테이프로 갈아 끼워라. 자신을 보다 더 행복하게 만들고, 자신감 넘치게 만드는 생각으로 전환시켜보라. 만약 '나는 아직 너무 부족한 것 같아'라는 생각이 들었다면, 그 반대인 '나는 지금도 충분히 잘하고 있어'라는 새로운 믿음을 심어줘라. 이 새롭고 신선한 믿음이 당신을 더 나은 방향으로 인도해줄 것이다.

### 4단계. 표현하라

당신이 갖게 된 새로운 생각과 믿음을 적극적으로 표현해보라. 애정 가득한 마음으로 당신의 새로운 생각을 마음껏 소리 내어 외쳐보는 것이다. 도전을 앞에 두고 두려움이 느껴질 때면 "새로운 도전이 나를 행복하게 만들어주고 있어!"라고 말해보면 된다. 말로 직접 표현해보면 뇌에서도 다르게 생각하려는 신경학적 반응이 더욱 강해진다. 전전두엽이 활성화되고, 자신의 감정과 반응에 대해 이성적으로 대처할 수 있게 된다.

## 5단계. 반복하라

부정적인 생각이 들 때마다 1~4단계를 반복해보라. '반복'을 해야 뇌가 새로운 신경 회로를 고착화시킬 수 있다. 어떤 일이든 전문가가 되려면 '1만 시간'을 투자해야 한다는 말이 있다.[24] 당신의 사고방식을 전환하는 일도 이와 마찬가지다.

레코드판에 나 있는 홈처럼, 당신의 신경 회로에도 새로운 홈을 새길 수 있다. 그러면 결국 새로운 감정과 생각이 생겨나고, 이것이 습관화되어 당신의 삶까지 변화시킬 수 있다.

최소한 하루에 한 번씩 전기충격 요법을 실행해보라. 마음속 생각 진열대에 집중할수록, 당신이 가진 사고방식에 대한 인식이 더욱 명료해질 것이다. 이렇게 더는 당신에게 전혀 도움이 되지 않는 생각들을 싹 치워버리기 바란다.

자신을 주저하게 만드는 부정적 믿음과 제한적 신념에 대해 '예전에'라는 표현을 붙여보라. 예를 들어 "나는 두려움이 많은 성격이야"라는 말을 "예전에, 나는 두려움이 많은 성격이었어"라고 달리 말하는 것이다. 이렇게 하면 당신에게 가장 이익이 되는 방향으로 사고방식과 신경 회로를 재편집할 수 있다.

## 🔟 자기평가

종이를 접거나 줄을 그어 반으로 나눠보라. 왼쪽 칸에는 당신의 일시정지를 주저하게 만드는 부정적인 생각들을 적어본다. 예를 들어 '여행을 가고 싶은데 돈이 없다'거나 '아직은 속도를 줄일 때가 아니다' '일주일도 쉬지 못할 만큼 일이 너무 많다'와 같은 말들을 적으면 된다. 다만 '항상' '절대' '반드시'와 같은 단정적인 표현은 피하도록 한다. 적어본 항목 중에서 가장 강력하게 나를 가로막고 있는 생각 하나를 골라 동그라미 쳐본다.

그다음 오른쪽 칸에는 기존의 부정적인 생각을 대체할 만한 새로운 믿음을 써보아라.

| 부정적인 생각 | 새로운 믿음 |
|---|---|
|  |  |

하버드 대학교 교수이자 심리학계 권위자인 윌리엄 제임스<sup>William</sup> <sup>James</sup>는 다음과 같은 말을 남겼다.

"마치 어떤 능력이나 믿음, 태도를 얻은 것처럼 행동하면, 그것들을 실제로 내재화할 수 있다."

오른쪽 칸에 적은 새로운 믿음들을 마음속으로 되뇌면서, 실제로 자신이 그렇게 변화한 것처럼 믿고 행동해보라. 그러면 결국 그것이 현실이 될 가능성이 높아질 것이다.

# 5장

# 일시정지의 대시보드
# 돈, 시간, 활동

실행력이 몸에 배일 수 있도록
계속 무엇인가를 시도해야 한다.
아무것도 시도하지 않는 것만큼 위험한 일은 없다.

- 피터 드러커Peter Drucker, 미국의 경영학자

# PAUSE

⏸ 　　　　당신이 가진 자원에 맞게 일시정지를 계획하는 일은 매우 중요하다. 일시정지의 시간 동안 어떤 일을 해볼 것인지, 또는 무슨 일이 당신에게 적절한지를 판단하기 위해서는 다음 세 가지 자원을 고려해보아야 한다.

**일시정지를 위한 세 가지 자원**

⋯ 돈(예산)

⋯ 시간

⋯ 활동

　사실 일시정지를 함에 있어서 어떤 특별한 비법 같은 건 없다. 이는 그저 하나의 '기술'일 뿐이다. 당신이 동원할 수 있는 창의력과 유연한 마음을 최대한으로 활용해 세 가지 자원을 적절히 조정하고 사용하면 된다.

하지만 불행하게도 많은 사람이 일시정지를 불가능하거나 거창한 일로 생각한다. 돈이 너무 많이 들거나 시간이 없다고 생각하기 때문이다. 그런데 사실 모아둔 돈이 없다고 해서 일시정지의 시간을 가질 수 없다거나, 돈이 많다고 해서 영원히 멈춤을 즐길 수 있는 것은 아니다. 이는 모두 '당신이 무엇을 어떻게 하느냐'에 달려 있다.

확실한 사실은 '누구나 일시정지를 할 수 있다'는 것이다. 다만 미지에 대한 두려움과 잘못된 믿음이 우리를 주저하게 만들 뿐이다. 아주 사소한 예로 이 책을 읽고 있는 당신은 이미 일시정지를 누리고 있는 셈이다. 책을 읽음으로써 스스로에게 시간과 여유를 선물하고 있지 않은가? 일시정지란 자신에게 충만함을 선물하기 위한 작은 행동의 전환이다. 그 외의 다른 것은 모두 부차적인 것이다.


## #자원1. 돈(예산)

더 많은 돈을 원하지 않는 사람이 있을까? 솔직하게 말해 어떠한 계획을 세우든 재정 상태가 가장 어려운 부분이기 마련이다. 일시정지도 마찬가지다. 그래서 계획을 세우기에 앞서 당신의 수입과 예산을 토대로 어떤 일을 할 수 있는지 생각해보아야 한다. 다만 일시정지를 위해 반드시 엄청난 예산이 필요한 것은 아니라는 사실만 인정해주기 바란다. 계획을 세울 때 약간의 창의력만 발휘하면 돈이 당신을 가로막는 심각한 장애물이 되지 않을 수 있다. 예산을 수립함에 앞서 몇 가지 생각해보아야 할 질문이 있다.

> … 유급 휴직을 얻는다면,
> 가능한 최대로 시간을 허락받는 편이 낫지 않을까?
> … 무급 휴직을 얻는다면,
> 그 시간 내에 좀 더 안정적으로 해볼 수 있는 일이 무엇일까?

만약 당신이 일시정지의 시간 동안 어떤 강좌를 수강하고 싶은데 돈이 부족하다고 치자. 예산 확보를 위해 가진 것을 팔거나 교환할 수도 있다. 또 그 순간을 준비하기 위해 미리 저축을 늘리거나 새로운 수입원을 마련할 수도 있다. 일시정지란 하루 동안의 하이킹일 수도, 평생 모은 돈으로 고급 휴양지에 가서 휴식을 취하는 것일 수도 있다(솔직히 나는 후자의 방법은 추천하지 않는다). 이쯤이면 내 의도를 알아차렸을 것이다. 일시정지를 위해 당신이 감당할 수 있는 예산을 정하고, 그에 맞게 계획을 구상하기만 하면 된다.

충분한 예산으로 오랜 시간 동안 일시정지를 누리고 싶은 사람들에게도 방법은 있다. 우선 그 시간 동안 필요한 비용에 기초하여 예산을 짠다. 그다음 예산을 확충하기 위한 저축 계획을 세운다. 은행 잔고를 깨지 않고 월별 고정비용과 변동비용을 산정하여 이를 당신의 순수입과 비교해보라. 아낄 수 있는 부분을 체크한 뒤 일시정지

121

를 위해 저축할 수 있는 금액을 산정하고 나면, 선택의 폭도 훨씬 더 유연해질 것이다.

## 번아웃된 경영 컨설턴트에서 행복한 사회적 기업가로

_ 알피 반 데르 즈완 Alfie van der Zwan

··· 일시정지의 시간 동안 어떻게 창의력을 발휘하여 예산을 쓰느냐에 따라 그 기간이 더 길어질 수도 있다. 알피가 바로 그러한 케이스다. 그는 나와 마찬가지로 삶의 속도를 늦추고, 일시정지의 신호를 가져야 한다는 신호를 감지했다. 그는 자신을 변화시키기 위해 완전히 다른 환경으로 몸을 내던졌다.

**예산** 1만 5000달러

**기간** 원래 계획은 3개월이었으나 2년으로 연장

**목적** 새로운 세상을 접하고 인생의 의미와 목적을 찾기 위하여

**계기** 그는 소위 '돈 잘 버는' 경영 컨설턴트였다. 하지만 진정으로 그 일에 만족하지 못했고, 어느 순간 성장이 멈춘 것 같은 기분

에 휩싸였다. 그가 살고 있는 도시나 주변 인간관계로부터는 더이상 행복을 얻을 수 없었다. 그는 자주 무력함을 느꼈고, 자신이 주체적으로 삶을 조절하거나 변화시킬 수 있다는 확신을 갖지 못했다. 마음이 무거웠고 지쳤으며, 정체되어 있다는 생각에 사로잡혔다. 한계에 도달했다는 생각이 들자 무언가를 바꾸어야겠다는 마음이 강해졌고, 마침내 그 변화의 대상이 '자신'이어야 한다는 점을 깨달았다. 마침내 3개월 동안 무급 휴가를 떠나기로 결심했다. 워낙 실적이 뛰어났던 그였기에, 사장은 꼭 다시 돌아오라는 당부와 함께 그의 휴직을 허락해주었다.

**활동**  그는 직장을 벗어나 요르단을 여행하기로 마음먹었는데, 평소 관심이 있던 나라였고 반복되는 일상의 패턴을 깨뜨리고 싶어서였다. 그는 '갑갑한 생활'을 떠올릴 수 있는 물건들을 모두 버린 채 떠났다. 휴직 기간 동안 자신감을 되찾았고, 3개월 후 직장에 복귀했다.

하지만 복귀한 지 3개월이 지났을 무렵, 그는 자기 자신과 인생에 대해 아직 배워야 할 점이 많이 남았다는 사실을 깨달았다. 다시 세상으로 나가 자신이 어떤 사람이 되어야 하는지, 어떤 삶을 살고 싶은지 계속 탐구하고 싶은 마음이 강해졌다. 결국 그는 회사에 사직서를 낸 뒤 아시아로 향하는 편도 비행기 표를 끊었다.

다행히도 그는 자유롭게 여행을 즐기기에 충분한 자금을 확보해 둔 상태였다. 전 재산을 들고 고향인 요하네스버그를 떠나 아시아 전 지역을 여행하면서 하루에 5~10달러짜리 저가 숙소에 묵었다. 화려한 여행과는 거리가 멀었지만, 그래도 충분히 만족했다. 음식을 가리지 않는 식습관도 그의 여행에 도움이 되었다. 길거리 음식은 2~3달러면 충분해서 식후에는 5달러짜리 마사지도 받을 수 있었다. 관광을 온 다른 여행객들과 달리 값싼 현지 교통편을 이용하며 다녔고, 그곳에 온 다른 여행객들을 모아 단체할인 협상에 나서기도 했다. 돈을 아끼면 아낄수록 여행할 수 있는 시간은 점점 늘어났다.

그는 보고 싶었던 친구들을 방문하며 이 나라 저 나라를 떠돌아다녔고, 그때마다 새로운 문화를 최대한 접하고자 노력했다. 그저 흘러가는 대로 자신의 삶을 놓아두었다. 바쁘게만 살아왔던 자신의 삶이 불행하고 지루했다는 것을 깨달았기 때문에, 이제까지와는 반대의 삶을 살며 어느 순간에 자신이 행복을 느끼는지 시험해보고 싶었다.

**영향** 자신을 완전히 다른 환경에 놓아둠으로써 그는 자신의 행동 패턴과 반응, 신념에 대해 더 잘 이해하게 되었다. 그는 일시정지의 정신을 일상에 스며들게 하고 싶었다. 일시정지의 시간이 자신을 재정비하고 충만하게 만든다는 사실을 깨달았고, 더 이상 갇혀 있다는 기분도 들지 않았다.

이제 그는 과거보다 훨씬 더 행복하다. 또 인생에 있어 새로운 기쁨도 찾아냈다. 일시정지의 시간 동안 아내 아리안을 만났고, 이들 부부는 현재 남아프리카 케이프타운에 살면서 아들을 기르고 있다. 그들은 '마인드풀365Mindful365'라는 모바일 애플리케이션을 만들었다. 기나긴 일시정지를 끝낸 알피는 '사람들의 삶에 좋은 영향을 끼치고 싶다'는 자신의 갈망에 따라 한 사회적 기업에서 일을 하기 시작했다. 자신의 경력을 살리는 동시에 합리적인 변화를 꾀한 셈이다.

그는 앞으로도 계속 자신의 삶에 일시정지가 필요하다는 사실을 알고 있다. 이제 예전처럼 한계에 이를 때까지 자신을 소진시키느라 몇 년을 허투루 보내지 않는다. 한 번의 일시정지를 통해 어떤 변화도 이룰 수 있다는 자신감을 얻었고, 보다 빨리 행동에 착수할 수 있게 되었다. 그는 자신의 결정을 신뢰하고 자신이 바라는 삶을 살기로 마음먹으면 인생이 자신을 올바른 방향으로 이끌어 줄 것이라 굳게 믿고 있다.

## 1. 용감하게 불편함을 감수하라

자신을 보호하던 안전지대에서 벗어나라. 평상시와는 다른 옷을 입고, 헤어스타일도 바꾸고, 새로운 출근길을 이용하고, 다른 도시나 나라로 여행을 떠나라. 무엇이든 '다른 일'을 해보라! 매 순간 당신은 더 용감해질 것이다.

## 2. 환경을 바꿔라

기존의 환경으로부터 자신을 분리하라. 그러면 자연히 새로운 행동을 배우고 창조하게 될 것이다. 전에 알지 못했던 것을 배우고, 가보지 못한 곳으로 여행을 가거나, 열정을 나눌 수 있는 모임에 참여해보라. 동호회에 가입해 취미를 공유해보는 것도 좋다.

## 3. 작게 단계별로 실행하라

처음부터 거창한 계획을 세우기보다는 하나의 작은 변화들부터 실행해보도록 한다. 작은 변화들이 쌓이면 전에 없던 커다란 변화를 만들어낼 것이다.

# #자원2. 시간

당신은 얼마나 오랜 시간 일시정지를 누리고 싶은가? 당신이 다니고 있는 회사의 규정과 휴가 일정 등을 따져보면 답을 얻을 수 있을 것이다. 또 이미 방문하기로 계획해놓은 목적지가 어디인가에 따라 일정을 잡아볼 수도 있다. 물론 회사를 그만두고 장기간의 일시정지를 계획해볼 수도 있겠지만, 사실상 그러기에는 부담이 많이 따른다. 그래서 나는 가급적이면 회사를 그만두지 않고, 즉 리스크를 최소한으로 줄이면서 짧은 시간 동안 일시정지를 경험해보기를 추천한다.

아래에서 소개하는 방법들은 재정적인 부담과 노력을 최소한으로 줄이면서도 강력하고 긍정적인 에너지를 받을 수 있는 일시정지 유형이다.

### 1Day 온전히 하루를 휴식에 바쳐라

내 친구 홀리는 여섯 살 된 딸을 둔 싱글맘이다. 그녀는 대략 한 달에 한 번꼴로 하루 종일 휴식을 즐긴다. 최근에는 평일 하루를 잡아 집 근처에 있는 수도원에 방문했다. 이전에는 수도원이라는 곳에 가본 적도 없었지만, 호젓하고 고요한 장소에서 내면의 생각에 집중할 수 있다는 점에 매료되고는 종종 이곳을 찾곤 한다. 그녀는 이곳에서 조용히 산책을 하고, 다른 사람들과 식사를 하며 명상을 즐겼다. 이런 충만한 경험을 하기 위해 회사를 그만둘 필요는 없었다. 오히려 하루 동안의 시간은 그녀에게 마음의 평온과 직장생활의 활기를 되찾아주었다.

### **1Week** 당신이 살고 있는 도시를 여행하라

뉴욕에 살았던 시절, 조정 경기 파트너였던 그렉은 일주일이라는 휴가 기간 동안 "뉴욕을 여행하겠다"라고 선언했다. 그 역시 뉴욕에 살고 있었는데, '거주자'가 아닌 '여행자'가 되어 평소에 해보지 못했던 멋진 일들을 시도할 계획이라고 했다. 나는 처음에 그가 미쳤다고 생각했지만, 생각해볼수록 꽤나 괜찮은 아이디어였다. 집을 떠나지 않고도 그동안 쌓인 스트레스를 풀 수 있는 기발한 아이디어이기 때문이었다.

일주일 동안 그는 메트로폴리탄 박물관과 자유의 여신상, 센트럴파크, 그리고 좀처럼 찾아가지 못했던 이웃들의 집을 방문했다. 매일 아침 조정을 즐겼고, 우리들에게 그날의 여행 계획을 들려주었다. 그렇게 그는 은행 잔고를 깨지 않고도 생기를 되찾았다.

나는 그때 휴가 기간 동안 '아무 곳도 가지 않은 사람'을 처음 보았다. 그는 일부러 집에 머무르면서 자신이 사는 지역을 탐색했고, 과도한 계획을 세우는 대신, 내면을 정화시키는 일에 집중했다.

우리 모두 그렉과 비슷하게 일시정지를 실행할 수 있다. 모든 도시와 마을은 아직 알려지지 않은 보물을 간직하고 있다. 운동화 끈을 질끈 매고 당신이 사는 곳을 여행해보라. 그리고 그곳에서 새로운 삶의 가치를 발견해보기 바란다.

## #자원3. 활동

당신이 가진 가장 깊숙한 욕구를 생각하면 어떤 이미지가 떠오르는가? 어떤 활동을 해야 자신의 갈망을 충족시킬 수 있는가? 앞서 말한 돈과 시간을 적절히 배분해 계획을 세워보면, 가치 있는 일시정지의 순간을 누릴 수 있을 것이다. 이를테면 기운을 회복하기 위해 집에 머물며 도시를 여행할 수도 있고, 자기 성찰을 위해 오지로 여행을 떠날 수도 있으며, 이타적인 행복감을 느끼기 위해 자원봉사를 시도해볼 수도 있다.

당신이 가진 예산이 어느 정도인지, 누릴 수 있는 시간이 얼마나 되는지에 따라 몇 가지 예를 생각해보라.

> 장기간 + 저예산 = 걷기 여행, 하이킹, 스포츠 및 악기 배우기
>
> 장기간 + 고예산 = 대륙 일주, 비행기 조종이나 패러글라이딩 등 고가의 취미 배우기
>
> 단기간 + 저예산 = 공원 산책, 미술관 관람, 명상, 일기 쓰기, 친구와의 저녁 식사

129

당신이 마음만 먹는다면 일시정지를 위한 활동에 제약은 없다. 위에서 설명한 활동들은 몇 가지 예시일 뿐이다. 당신의 번뜩이는 창의성과 내면에서 울려 퍼지는 갈망을 활용해 새로운 아이디어를 구상해보라. 어떤 활동을 할지 결정했다면, 진정성을 갖고 당장 행동에 옮겨보기 바란다.

PAUSE STORY

### 평범한 회사원에서 꿈을 좇는 작가로 _ 제니 블레이크 Jenny Blake

… 구글에서 만났던 제니는 광고 프로그램 '애드워즈'의 교육 담당자이자 경력개발 프로그램 매니저였다. 약 5년간 회사생활을 하던 그녀는 문득 자신의 사업을 시작해야겠다고 생각했다. 밤낮없이 일하는 와중에도 자신의 열정이 담긴 프로젝트를 계획했고, 이후 『피벗하라』라는 책을 쓰며 단숨에 베스트셀러 작가로 이름을 알렸다.

**예산** 총 2만 달러

**기간**  3개월

**목적**  평범한 회사원에서 벗어나 작가, 이직 컨설턴트, 강연자로 커리어 전환을 꾀하기 위하여

**계기**  제니는 자신의 개인적인 프로젝트와 구글에서의 업무를 동시에 끌고 가느라 한계에 부딪혔고, 결국 집필 활동에 전념하기 위해 일시정지를 계획했다. 2010년에 그녀는 자신의 책을 출간할 출판사를 찾아나섰는데, 무려 스물일곱 번이나 거절을 당했다. 하지만 끝끝내 포기하지 않았고 결국 마음에 맞는 출판사를 만나 이듬해 3월 첫 책을 출간했다.

**활동**  책 출판과 동시에 그녀는 3개월 동안의 무급 휴직을 신청했다. 약 열 개의 도시를 돌아다니며 책 홍보를 위한 모금운동을 벌이기 위해서였다. 정말로 그녀는 3개월 동안 미국 각지를 여행했는데, 이 시간은 5년 넘게 일에만 매달렸던 자신에게 주는 '재충전의 기회'였다. 3개월이 끝날 무렵, 그녀는 선택의 기로에서 고민했다. '구글로 돌아가는 것이 최선일까? 아니면 새로운 길을 개척해나갈 것인가?'

**영향**  그녀는 자신의 갈망이 무엇을 말하고 있는지 깊게 느꼈고, 결국 인생과 경력을 위한 최선의 선택에 따라 '독립'을 결심했다. 현재 제니는 이전보다 더 행복하고 건강하며, 충만한 기분으로 살

고 있다. 자신의 일을 사랑하고, 하루하루를 허투루 보내지 않으며, 때때로 여행을 즐기며 세상과 소통하고 있다.

이제 그녀는 자신의 궁극적인 목표인 '많은 사람에게 도움이 되는 삶'을 추구하며 살고 있다. 3개월간의 일시정지가 자신의 소명을 실현하고 사업을 구체화하는 데에 도움이 되었다며 감사함을 이야기하기도 했다. 그녀가 출간한 책 『피벗하라』는 전 세계적인 베스트셀러에 올랐다(나는 이 책을 내 책의 '사촌'이라고 부른다).

#일시정지를 위한 조언

**바쁠수록 몸과 마음에 힘을 빼라**

무엇을 얻거나 성취하게 될지 너무 조급하게 생각하지 마라. 적어도 일주일 중에 하루는 어깨에 힘을 빼는 시간을 가져야 한다. 건강 상태에 주의를 기울이고, 간단한 아침 운동으로 기운을 불어넣어라. 일시정지의 장점 중 하나는 건강을 최우선순위에 둘 수 있다는 것이다. 무엇보다도 가슴이 두근거리는 일을 하라. 일시정지의 시간만큼은 진지함을 버릴 필요가 있다. 자유롭게 여행하고, 소중한 사람들을 만나며 자신을 재정비해보기 바란다.

# PRACTICE

일시정지를 계획하기에 앞서 자신이 가진 세 가지 자원을 어떻게 활용할 수 있는지 생각해보라. 아래에 나온 질문을 통해 당신의 아이디어를 더욱 발전시켜볼 수 있을 것이다.

## ⏸ 질문1.

돈(예산)은 얼마나 필요한가? 부족하다면 예산을 충당하기 위해 어떤 일을 할 수 있는가?

---

## ⏸ 질문2.

직장을 그만두지 않는다는 가정 하에 내가 쓸 수 있는 시간은 얼마만큼인가?

---

## ⏸ 질문3.

돈과 시간을 토대로 내가 계획할 수 있는 활동은 무엇인가?

---

# 6장

# 매일 틈틈이 일시정지를 실천하는 법

일이 제멋대로 굴러가기 시작할 때에는
'인내'가 유일한 해결책이다.
그럴 때 우리는 과감히 '일시정지 버튼'을 눌러야 한다.

- 더글러스 러시코프Douglas Rushkoff, 뉴욕 대학교 교수

# PAUSE

일시정지는 지금 지신이 느끼는 감정의 민낯을 발견하게 해주고, 주변 상황을 조금 더 면밀하게 관찰해볼 수 있는 기회를 제공한다. 그래서 단 5분간만이라도 매일매일 일시정지를 실천하면, 아무런 의식 없이 그저 상황에만 이끌려 사는 '생각 없는 삶'으로부터 벗어날 수 있다. 더불어 순간의 생각과 감정을 객관적으로 판단할 수 있어서 더 현명한 선택을 내릴 수 있다. 나는 그러한 일시정지의 방법들을 묶어 '새로운 마인드풀니스New mindfulness'라고 이름 붙였다. 이번 장에서 제시하는 방법들은 실제로 구글이 실천하고 있는 최고의 휴식법이다. 하나씩 따라 해보기 바란다.

## 구글의 선물, 마인드풀니스의 시작

'마인드풀니스'란 순간순간 일어나는 생각이나 감정을 있는 그대

137

로 수용하면서, 판단을 더하지 않고 현재를 또렷하게 알아차리는 것을 말한다. 즉, 당신의 '정서적 자아'와 '순간에 대한 인식'을 결합시키는 작업이다.[25] 내 말을 이해하기 위해 잠시 하던 일을 멈추고 온전히 호흡에 집중해보기 바란다. 그다음, 지금 이 순간 당신이 느끼는 감정이 기쁨인지, 슬픔인지, 두려움인지, 분노로 가득 찼는지를 스스로에게 물어보라. 편안한 감정이든 불편한 감정이든 우리는 계속해서 내면에 집중하고 질문을 던져야 한다.

물론 처음에는 아무런 감정을 느끼지 못할 수도 있다. 집중도 잘안 되고 대체 무엇을 느끼라는 것인지 이해가 되지 않을 수도 있다. 하지만 1~2분 정도 생각을 비워보면 분명 무언가가 느껴질 것이다. 마치 운동선수가 훈련을 하듯 계속 감정에 집중하다 보면, 자신을 있는 그대로 받아들이고 건강하게 감정을 표출하는 데에 익숙해진다.

내가 현재 느끼는 모든 감정을 온전히 받아들인다는 점에서, 마인드풀니스는 '나 자신을 있는 그대로 받아들이는 작업'이라고도 할수 있다. 이때 느낀 감정들은 내가 나를 더 잘 이해하고 보살피기 위한 일종의 '데이터'가 된다.[26] 나는 무엇을 할 때 괴로움을 느끼는지, 어떤 상황에 기쁨을 느끼고, 누구를 만날 때 분노를 느끼는지 하나씩 데이터를 쌓아가는 셈이다.

왜 자신의 감정을 있는 그대로 들여다보는 일이 중요할까? 예를 들어 우리는 언제 어디서든 알 수 없는 '두려움'을 마주하곤 한다. 생존을 위협하는 진짜 두려움도 분명 존재하지만, 당신의 마음 진열대에 놓인 과거의 잘못된 믿음과 마찬가지로 대개는 '거짓 두려움'일 가능성이 높다. 이를테면 '이번 주에 돈을 다 써버리면 어떡하지?' '새로운 일을 시작할 만한 시간적 여유가 있을까?'와 같이 무심코 드는 생각의 형태인 것이다.

이런 유형의 두려움, 즉 자신의 통제와 능력을 벗어난 두려움을 흔히 '실존적 불안Existential anxiety'이라고 말한다. '내일 당장 죽으면 어떡하지?' '가진 돈이 다 떨어지면 뭘 먹고 사나?' '결혼하면 불행하지 않을까?' '갑자기 암에 걸리면 어떡하지?'라는 식의 실존적 불안은 사실 마음속에서 끝도 없이 이어진다. 다만 어떠한 두려움이 밀려온다고 해도, 그것을 어떻게 다루느냐는 온전히 우리의 선택에 달려 있다.

물론 문득문득 드는 불쾌하고 불편한 감정을 거부해버리거나 무시할 수도 있다. 그러는 편이 훨씬 더 쉽고, 우리들 대부분은 그렇게 해야 한다고 배워왔다. 하지만 아무리 두려운 감정이 들더라도 이를 직시하고 포용할 때, 그래서 그 두려움마저도 자신의 일부로 받아들일 때 더 나은 삶으로 한발 나아가고, 위험을 감수하며, 지금 이 순간 더 큰 기쁨을 누릴 수 있다.

이번 장에서 제시하는 마인드풀니스 방법들은 하루에 여러 번, 매일매일 수련이 가능하다. 자신의 감정을 포착하는 각각의 순간을 삶의 생동감을 느끼게 해주는 '초대장'이라고 여겨보라. 일시정지를 통해 자신의 감정을 파악할 때, 우리는 무의식에 휘둘리지 않고 의식적으로 행동할 수 있는 힘을 얻게 될 것이다.

## '5분 명상'으로 감각에 집중하기

길든 짧든 또 그 순간에 당신이 어떤 감정을 느끼든 모든 일시정지는 내면의 목소리를 들을 수 있는 기회다. 그런 의미에서 일시정지는 '명상'과 비슷한 점이 많다. 나는 명상을 이렇게 정의한다.

명상 ··· 일종의 주의력 훈련으로, 자신의 호흡을 좇으면서 현재의 순간에 집중하고, 감정과 생각, 신체의 모든 감각을 수용하는 행위

2011년에 일시정지의 시간을 보내는 동안, '버닝 맨 페스티벌(매년 8월 마지막 주에 미국 네바다주 블랙 록 사막 한가운데에서 열리는 예술 축제)'에서 절친한 친구가 된 마크 손턴Mark Thomton을 알게 됐다. 그는 『뉴욕에서의 1분 명상Meditation in a New York Minute』(국내 미출간)이라는 책을 쓴 작가였는데, 그와 친구가 되고 난 뒤 곧바로 그 책을 구입해 읽어보았다. 제목에서도 암시할 수 있듯이, 나는 그 책을 통해 일상생활을 하거나 일을 하면서도 얼마든지 명상이 가능하다는 사실을 깨달았다. 책에서 제시하는 갖가지 사례들은 내가 감각과 감정에 집중할 수 있도록 도와주었다. 또 내 몸에 집중하고, 몸 안에서 일어나는 일들을 파악

하는 데 도움이 되었다. 나는 이 책을 통해 명상 수련을 시작했고 지금도 명상을 일상생활에 지속적으로 적용하고 있다.

나는 아침에 일어날 때에도 간단한 명상을 한다. 잠이 깨면 그대로 누워서 『기적 수업A course in Miracles』(국내 미출간)이라는 책에서 소개하는 일일 기도문을 내 방식대로 수정하여 암송한다.

먼저 두 손을 합장하고, 천천히 세 차례 단전호흡을 한다. 그러고 난 다음 이렇게 말한다.

> 오늘은 0000년 00월 00일입니다.
>
> 신이시여(자신이 믿는 대상으로 대체해도 좋다),
>
> 오늘 저는 당신의 일부가 되기를 청합니다.
>
> 오늘 저는 당신에게 묻습니다.
>
> 제가 어디로 가기를 원하십니까?
>
> 제가 누구와 만나길 원하십니까?
>
> 제가 어떤 말을 하길 원하십니까?
>
> 제가 어떤 감정을 느끼길 원하십니까?
>
> 제가 어떤 사람이 되기를 원하십니까?
>
> 당신을 여기 초대하오니, 제 옆에 앉아 답을 들려주세요.
>
> 감사합니다. 감사합니다. 감사합니다.

다시 열 번 정도 단전호흡을 한 뒤, 1~2분 동안 마음속으로 질문에 대한 이미지를 떠올리며 명상을 이어간다. 이때 나는 내가 계단을 오르는 모습을 떠올린다. 하얗고 아름답게 늘어뜨린 드레스에서 기분 좋은 감촉이 느껴진다. 나는 한 걸음에 한 계단씩 아주 천천히 계단을 오르며 꼭대기에 다다른다. 그곳에 있는 문을 열면 따스한 금빛 광채가 나를 반갑게 맞아준다. 때때로 어떤 목소리가 말을 걸어오기도 하고, 주변의 빛에 둘러싸여 그 기분을 가만히 느끼기도 한다. 굳이 생각하려 하지 않고 그저 귀를 기울일 뿐이다.

만약 아침 시간이 부족하다면, 명상을 위해 따로 녹음된 음원을 들으며 출근 준비를 해도 좋다. 다만 여기서 절대 잊지 말아야 할 것은 당신이 보고, 듣고, 맛보고, 냄새 맡고, 감정적으로 느끼는 바에 대해 완벽히 집중해야 한다는 것이다. 출근길에 이어폰을 끼고 명상 음악을 들으며 자신의 걸음걸이나 주변에서 느껴지는 공기에 집중해보아도 좋다. 어떤 특정한 방식을 고집하기보다는 앞서 말한 모든 방식들을 두루 활용하며 더 깊은 자기 인식과 의식을 얻기 바란다.

## '60초 단전호흡'으로 차분한 마음 갖기

일시정지를 하는 가장 쉬운 방법은 '자신의 호흡에 집중하는 것'이다. 양발바닥을 바닥에 단단히 붙이고, 허리를 꼿꼿이 세운 채 등을 기대지 않고 의자에 앉는다. 한 손을 횡격막이나 복부에 대고 천천히 숨을 들이쉬면서 횡격막이 손을 살짝 밀어내게 한다. 폐의 맨 아래까지 숨이 차오르는 기분을 느낀다. 1~2초 정도 숨을 참았다가 입으로 천천히 내쉰다. 횡격막이 수축하면서 손도 천천히 제자리로 돌아온다.

손을 횡격막 근처에 두면 몸의 변화를 인식하는 데에도 도움이 되고, 숨을 몇 번 들이쉬고 내쉬었는지 세기에도 편하다. 총 10회 반복하여 숨을 쉬되, 세는 도중 숫자를 잊어버렸다면 처음으로 돌아가 다시 10회 반복한다.

단전호흡은 금세 느긋하고 새로운 기분을 느끼게 해준다. 아침에 단 60초 동안만 실시해도 하루의 기분과 생각을 변화시킬 수 있다. 나는 단전호흡을 할 때마다 내 마음이 더 너그러워지고, 보다 침착해지며 단단해짐을 느낀다.

PAUSE STORY

## 출세 지향적인 건축가에서 창의력 교육자로

_ **오스틴 힐 쇼** Austin Hill Shaw

…           오스틴은 2001년에 건축학교를 우등생으로 졸업한 뒤, 스페인 바스크 지방에서 1년간 장학생으로 공부할 수 있는 자격을 취득했다.

건축 전문가로서 기술을 연마함은 물론, 스페인어 실력까지 키울 수 있다니 꽤나 좋은 기회였다. 다만 그는 자신의 마음 상태가 완전히 균형을 잃어버렸다는 사실도 잘 알고 있었다. 학교 성적에만 너무 매달린 나머지 가족과 친구들을 멀리해왔고, 자신이 이루어낸 것들을 스스로 인정하지 못하는 '가면 증후군'에 시달렸다. 그는 스페인에서 삶의 속도를 줄이고, 불안한 마음을 치유하여 다시 삶의 균형을 되찾기 바랐다.

...................................................................................

**예산**  총 2만 달러

**기간**  3개월

**목적**  편안한 마음을 되찾기 위하여

**계기**  스페인으로 떠났지만 그의 습관적인 삶의 패턴은 오래지 않아 다시금 그를 괴롭히기 시작했다. 그는 마치 발붙일 곳 없는 땅 위에서 표류하는 기분이었다. 더구나 지금은 외국에 살고 있어서 도무지 마음을 다잡기가 쉽지 않았다. 동료 학생들보다는 열 살이나 더 많았고, 교수들과는 기껏해야 열 살밖에 차이 나지 않았다.

그는 유학을 떠난 첫해에 인근 도시 빌바오에서 건축 일을 제안받았다. 세계적인 건축가 프랭크 게리 Frank Gehry의 걸작들로 가득한 도시에서 국제적으로 일할 수 있는 기회가 찾아온 것이었다. 그러나 그의 내적 혼란은 계속 이어졌다. 여전히 편안한 기분이 들지 않았고, 자신의 능력에 대해 확신이 서지 않았다. 오스틴은 그 제안을 받아들였지만, 우선 한 달간 미국에 다녀오겠다는 조건을 내걸었다. 그리운 친구들과 가족들을 만나면 마음이 치유될 것만 같았다. 곧장 미국으로 건너간 오스틴은 가장 친한 친구인 윌리엄을 만났다. 윌리엄과는 불교 커뮤니티에서 2년간 함께 지낸 사이였다. 윌리엄은 지친 상태였던 그를 열흘간의 명상 여행에 초대했다. 하지만 오스틴은 주저하는 마음이 들었다. 고향에서 보낼 수 있는 시간의 3분의 2를 침묵 속에서 보내야 한다는 것이 썩 내키지 않았기 때문이었다.

**활동** 윌리엄의 끈질긴 제안 끝에 그는 결국 명상 여행에 참여했다. 그런데 이는 놀랍게도 그의 삶에 중대한 전환점이 되었다. 하루 8시간 동안 실시되는 명상 수련은 매우 놀라운 경험이었다. 여행 마지막 날, 그는 마침내 자신과 하나가 된 것 같은 느낌을 받았다. 한 시간 동안 요가를 배운 뒤 30분 동안 명상 수련에 전념했고, 식사를 마친 이후에도 30분씩 명상을 했다. 주말이 되면 텐트와 침낭을 챙겨 대서양 해안으로 향하는 열차에 몸을 실었고, 거기에서 자연과 서핑, 캠핑을 마음껏 즐겼다. 명상을 통해 그는 다시 어린 시절로 돌아간 것 같은 기분을 느꼈다. 호기심과 천진난만함, 경이로운 충만함이 그의 몸과 마음을 마구 자극했다.

오스틴은 여기에 그치지 않고 더 깊은 명상을 즐기기 원했다. 그래서 빌바오에서의 프로젝트가 끝나자마자 캘리포니아 오하이로 이주해 불교 커뮤니티에서 공부를 하고, 불교 건축가들과 함께 작업을 했다. 자신이 가진 기술과 영적 신념의 만남, 그것은 아주 완벽한 조합이었다.

명상의 효과를 알게 된 지 1년 반 만에 오스틴은 3개월 간 티베트로 불교 명상 여행을 떠났다. 그 시간 동안 자기 안에서 일어나는 감정과 갈망에 대해 보다 깊게 이해하기를 원했다. 숙소와 식사, 수업료는 모두 단체에서 부담해주었기 때문에 그는 오로지 수련에만 집중할 수 있었다.

그는 수련 기간 동안 자신의 과거를 찬찬히 되돌아보았는데, 이를 통해 그동안 자신이 다른 사람들과 연결되고자 하는 갈망을 애써 피해왔다는 사실을 깨달았다. 암벽등반과 같은 익스트림 스포츠를 즐긴 것도 해소되지 못한 욕구를 억누르기 위해서였다.

그는 3개월간의 명상 여행에 이어 캘리포니아 케이스유코스에서 다시 엄격한 수련의 시간을 보냈다. 여기에서는 2주 동안 일본식 선 수련법인 '궁도 수련(활쏘기를 통해 몸과 마음을 수양하는 활동)'을 경험했다.

그가 이곳에서 처음 들은 수업은 '다르마의 바퀴'에 관한 내용이었는데, 어떻게 인간이 습관적인 패턴에 갇히게 되는지를 설명한 훌륭한 설교였다. 당시에 오스틴은 매우 강력한 통찰의 순간을 경험했다. 이후 그는 당시에 얻은 깨달음을 바탕으로 『경이의 해안선Shoreline of Wonder』(국내 미출간)이라는 책을 출간해냈다.

명상을 통해 내면에 더 가까이 다가갈수록 그의 혼란은 점점 더 가중되었다. 그가 얻은 통찰로부터 갖가지 새로운 생각과 감정들이 마구 튀어나왔다. 오스틴은 자신의 감정적 반응을 강력하게 인식했고, 전보다 훨씬 더 많은 감정을 느꼈다. 자신의 내적 동기에 대해 의심했고 결정에 대해서도 의문을 품었다. '왜 건축가가 되려고 하는가?' '건축가로서 내가 하고자 하는 일은 무엇인가?' '진정으로 충만한 삶을 산다는 건 무엇일까?' 이전에는 전혀 생각하지 못했던 질문들이 마구 쏟아지기 시작했다.

하지만 어느 순간에 다다르자 이러한 혼란스러움이 자신의 삶에 꼭 필요한 부분임을 깨닫게 되었다. 내면에서 튀어 오르는 질문들에 대해 진지하게 답을 찾아가면서 삶의 의미를 더해나갔다. 그의 자성적인 질문과 성찰의 시간은 현재의 자신으로 변화하는 데에 지속적인 도움을 주었다.

**영향** 3개월간의 명상 여행은 오스틴의 삶을 통째로 바꿔놓았다. 일시정지 이전에 그는 삶의 속도를 제어하지 못한 채 자신을 소진시키면서 살았다. 이제 그는 일상 속에서 자신을 잃게 될 때면 명상과 기도, 노래와 여행을 통해 스스로를 복원시키고 있다.

또 일시정지 이전에는 모든 선택을 오로지 이성에만 맡겼다. 하지만 이제 그는 이성이 아닌 직관과 가슴이 뛰는 방향에 따라 행동한다. 일시정지는 그로 하여금 자신이 하는 일에 대해 의문을 갖게 하고, 기저에 깔린 동기를 점검하게 하며, 알 수 없는 미래를 기꺼이 받아들이고 즐길 수 있도록 만들었다. 그는 최근에야 비로소 일시정지로부터 얻은 지혜를 완전히 체화했다고 말했다. 덕분에 고립되었다는 불안감이 해소되었고, 새로운 도전에 대해서도 보다 열린 마음으로 임할 수 있게 되었다. 때로는 삶이 정도正道를 벗어날 수 있다는 사실을 받아들였고, 실패와 실수로부터도 배울 점이 많으며, 그로 인해 앞으로 나아갈 힘을 얻을 수 있게 되었다. 현재 오스틴은 종교적인 여행에서부터 캠핑에 이르기까지, 모든 종류의 일시정지에 적극적으로 참여하고 있다. 또한 외부적인 세계와 연결되고, 일적으로 성과를 내고 싶다는 자신의 갈망에 보다 더 가까이 서 있다. '3 라이트 디자인3 Lights Design'이라는 회사의 창립 멤버로서 세 군데의 명상 센터를 디자인하기도 했다. 또 '다르마의 바퀴'에 대한 통찰을 발전시켜 2012년에는 창의성에 관한 단체를 설립했으며, 그곳에서 창의적 잠재력을 발휘하고자 하는 사람들과 혁신 문화를 정착시키고자 하는 기업들을 도우며 일하고 있다.

............................................................

### 1. '실행'만큼이나 '존재'도 중요하다

존재는 단순히 먹고 사는 문제를 넘어 창의적인 인사이트의 원천이 되기도 한다. 실행으로 가득 찬 세상 속에서 존재란 높은 가치를 지닌다. 그러니 시간을 갖고 순간을 경험하고 즐기기 바란다.

### 2. 미래보다는 현재에 충실하라

지금 있는 곳에서 뭔가 잘 안 풀리고 행복하지 못하다면, 아마도 당신이 당도할 다음 장소에서도 장기적인 만족감을 얻지 못할 가능성이 크다. 이럴 때 외부 환경을 바꾼다고 해서 반드시 내적 환경까지 바뀔 거라는 보장이 없다. 현재 당신이 있는 곳에서부터 의식적인 변화를 이끌어내는 것이 중요하다.

## 3. 인생을 위한 비전과 미션을 세워라

어떤 일을 하기 앞서, 혹은 하는 도중에 내가 어디로 가고 있는지, 왜 그 길을 가려고 하는지를 명확히 인식하라. 이를 통해 우리는 타인과 공조할 수 있고, 비슷한 길을 걷는 사람들과 연결될 수 있으며, 나와 가장 잘 맞는 사람을 만날 수 있다. 또 비전과 미션을 세우면 마음을 어지럽게 만드는 장애물들을 떨쳐낼 수 있다.

## '30초 마이크로 일시정지'로 스트레스 해소하기

신경과학 이론을 토대로 커뮤니케이션에 대해 강의하는 데이비드 킹 켈러David King Keller 박사는 자신의 논문에서 '마이크로 일시정지Micro-pausing'라는 개념을 소개하며 뇌가 일시정지에 의해 어떻게 변화하는지를 밝혀냈다. 그의 연구가 증명한 효과는 매우 강력하다. 하루 몇 번의 수련을 통해 스트레스가 현격히 감소되었고, 생산성이 증가했기 때문이다. 아무리 바쁜 일상에서도 30초 정도는 시간을 낼 수 있지 않은가? 켈러 박사는 누구나 따라 할 수 있는 하루 세 번, 10초 동안의 마이크로 일시정지 방법을 제시했다.

### 1. 여섯 번 심호흡하기

2만 1000명의 실험자를 대상으로 연구한 결과에 따르면, 스트레스를 해소하는 가장 빠른 방법은 '여섯 번의 심호흡'이었다. 이는 심장 박동을 늦추고, 신체가 위급한 상황일 때 발동하는 교감신경을 부교감신경으로 변환시켜 생산적이고 효율적인 상태를 만든다. 생리학적으로는 호흡이 느려지고 조절됨에 따라 몸의 긴장이 풀리는 느낌을 받게 될 것이다. 자연히 어깨가 이완되고, 턱이 부드러워지며, 이마에 주름이 사라진다. 호흡에 주의를 기울이면서 당신의 몸이 어떻게 변화하는지를 확인해보라.

### 2. 얼굴에 손바닥 대기

손바닥을 입 앞에 두고 천천히 바람을 불면서 호흡과 손바닥에 느껴지는 감각에 집중해보라. 혼란스러웠던 마음이 누그러지면서 집중력이 높아지고, 마음이 차분해짐을 느낄 수 있다.

### 3. 눈 옆에 양손바닥 대기

두 손바닥을 각각 눈 옆쪽 얼굴(관자놀이)에 대고, 두 눈으로 양손바닥을 동시에 보라. 이 방법은 뇌의 편도체 부분에 가해진 긴장을 완화시키고, 전두엽 피질의 고차원적 의사결정 기능을 활성화시켜 당신을 보다 편안한 상태에 이르게 한다.

151

## 모든 감각을 동원해 지금, 여기에 집중하기

시간이 없어서 부득이하게 아침 명상을 하지 못할 때 나는 이 방법을 사용한다. 길을 걷거나 샤워를 하면서, 또는 이를 닦으면서도 언제든지 실행할 수 있다.

방법은 무척 간단하다. 자신이 지금 어떤 활동을 하든지 오감을 이용해 현재 무슨 일이 일어나고 있는지를 묘사하면 된다. 지금의 순간에 집중하여 당신의 내·외부에서 벌어지고 있는 모든 일을 파악해보라.

지금 무엇이 보이는가?

지금 무엇이 들리는가?

지금 어떤 냄새가 나는가?

땅에 닿은 발의 감촉은 어떠한가?

의자에 앉은 감촉은 어떠한가?

지금 어떤 감정이 느껴지는가?

그 감정이 몸의 어느 부분에서 느껴지는가?

가능하면 눈을 감고 천천히 호흡해보기 바란다. 주변에서 들려오는 소리나 피부에 와 닿는 감각을 느끼고, 심장 박동 소리에 귀 기울여보아야 한다. 또 오감을 활짝 열기 위해 답답한 사무실이나 집 안을 벗어나 밖으로 나가보는 것을 추천한다. 형편이 안 되면 풍경이 담긴 사진이나 그림을 봐도 좋다. 그 풍경을 몇 부분으로 나누어 묘사하고, 그 각각에 집중해보자. 밖에 있다면 땅을 보고 물어보라. '땅의 색은 무엇인가?' '어떤 질감이 느껴지는가?' 나무나 꽃을 보고도 같은 질문을 던질 수 있다. 또 크게 심호흡을 하고 흙을 한 줌 집어서 냄새를 맡거나 꽃향기를 맡아볼 수도 있다.

그밖에 다른 유형의 일시정지 방법들은 다음과 같다.

··· 친한 친구와 산책하기

··· 스마트폰을 가방에 넣고 차 한 잔 하기

··· 하루에 한 번 이상 감사 인사하기

··· 노래 한 곡에 맞춰 마음껏 춤추기

··· 잠들기 전 베개를 베고 하루 중 소중한 순간 떠올리기

## ❚❚ 실행

주의가 산만하고 집중이 되지 않을 때, 마음을 차분하게 만들고
잡념을 사라지게 하는 명상법을 소개한다. 가만히 앉아서 하는 명
상도 있지만, 여기에서 소개하는 명상은 몸을 가볍게 움직이면서
실시하는 '동작 명상법'이다.

### 동작 명상법

① 길을 걸을 때

… 원래 자신의 걸음 속도로 걷되, 처음에는 천천히 걷는다.

… 팔다리의 관절과 근육이 어떻게 움직이는지를 느껴본다.

… 발바닥이 지면에 닿을 때 그 감각에 집중해본다.

… 팔을 가볍게 흔들며 몸의 균형감을 유지한다.

② 서 있을 때

… 다리를 어깨너비로 벌리고 서서 양팔을 위로 들어 올린다.

… 팔 근육과 관절이 어떻게 움직이는지를 느껴본다.

… 피가 아래로 쏠리는 느낌과 중력에 집중해본다.

… 다시 팔을 천천히 아래로 내리며 근육과 관절의 움직임을 느껴
본다.


③ 앉아 있을 때

… 의자에 앉은 채로 어깨를 뒤에서 앞으로 천천히 돌린다.

… 어깨 근육과 관절이 어떻게 움직이는지를 느껴본다.

… 이번에는 어깨를 앞에서 뒤로 천천히 돌리며 주의를 집중한다.

# 7장

# 장기적인 일시정지가 가져다주는 선물

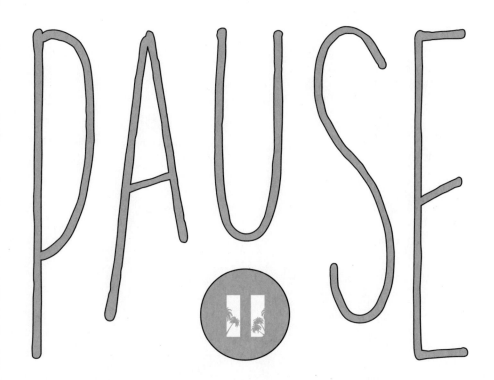

내면이 이끄는 것을 따르지 않으면
활기가 없고 힘이 빠지며
영적 죽음을 느끼게 된다.
- 삭티 거웨인Shakti Gawain, 자기계발 분야의 세계적 구루

# PAUSE

⏸ 　　　멈추거나 경로를 바꾸기 전까지 우리는 주변에서 일어나는 일들에 대해 의식하지 못하는 경우가 많다. 장기적인 일시정지는 타인과 당신 자신에 대해 호기심을 갖고 면밀히 들여다볼 수 있는 새로운 기회다. 당신이 하고 있는 일에 대한 동기와 생각, 매 순간 내리는 선택에 대해 찬찬히 들여다볼 수 있는 기회인 것이다. 또 스스로의 감정에 대해 더 잘 알게 되고, 마음을 다독일 수 있는 기술을 심화시킬 수 있다.

물론 여기에는 꽤나 의식적인 노력이 필요하다. 매일 부정적인 마음을 청소해야 하고, 앞서 말한 '전기충격 요법'을 통해 무너지는 마음을 수시로 다잡아야 한다.

여기에서 내가 말하는 장기적인 일시정지란 일주일 이상의 멈춤을 의미한다. 긴 시간이 주어진 만큼 새로운 시도를 해볼 수 있고, 나쁜 습관을 좋은 습관으로 개선시킬 수 있으며, 내가 원하는 일에 집중하여 그것을 실제로 실현시켜볼 수도 있다.

159

장기적인 일시정지의 또 다른 이점은 자신의 몸과 감정에 대해 더 깊이 느낄 수 있다는 것이다. 주말 중 하루나 이틀을 이용해 일시정지를 실행하고 다시 일상으로 돌아가는 것도 좋지만, 때로는 며칠이나 몇 주, 혹은 몇 달 동안 스스로를 새로운 환경에 놓아보고 다른 삶의 방식을 경험해보는 건 어떨까? 주변의 일상적인 자극이 사라지고 새로운 것들을 경험하게 되면 뇌에 새로운 신경 회로가 형성되고, 시간이 지나면서 그것이 새로운 생각과 행동으로 이어진다. 장기적인 일시정지라는 마법을 통해 당신이 지금껏 놓치고 살았던 무언가를 발견해보는 건 어떨까?

## 주체적으로 일시정지를 창조해야 하는 이유

우리 모두가 그렇듯 대부분의 직장인들은 회사로부터 장기적인 휴가를 허락받지 못한다. 미국 비영리 인력관리협회 '월드앳워크World at Work'에서는 2016년에 5000명의 직장인들을 대상으로 '휴가 제도'에 관한 설문조사를 실시했다. 그 결과 장기적인 휴가 제도를 시행하는 회사는 2010년에 15퍼센트, 2014년에 14퍼센트였던 데 반해, 2016년에는 10퍼센트로 그 비율이 확 떨어졌다. 이 중에서 유급 휴가는 4퍼센트였고, 나머지 6퍼센트는 무급 휴가였다.

장기적인 휴가 제도의 운영과 관련해 46퍼센트의 기업들은 직원들에게 휴가 기간 동안 교육을 받거나 업무와 관련한 기술을 연마하는 등의 '자기계발'을 바랐고, 43퍼센트의 기업들은 특별히 다른 요구사항을 달지 않았다.[27] 이들 기업 외에 종합 경제지 《포춘》이 선정한 '2016년 일하기 좋은 100대 기업' 중 단 19퍼센트만이 장기적인 휴가 제도를 시행하고 있었다.[28]

이러한 데이터로 추론해볼 때 직장은 직원들에게 요구하는 사항이 많은 데 반해, 장기적인 휴가를 주는 것에는 다소 인색해져간다는 해석을 내릴 수 있다. 즉, 많은 회사가 공식적인 장기 휴가 제도를 운영하지 않기 때문에 우리 스스로라도 개인적인 차원에서 '회복의 기회'를 만들어야 한다는 뜻이다. 그리고 이것이 아무리 바빠도 우리가 일시정지를 삶의 기술로 익혀야 할 중요한 이유다.

나는 구글로부터 받은 3개월간의 장기 휴가 동안 나 자신에게 온전히 집중하고, 내 경력의 다음 단계를 구상하는 일 외에는 다른 어떤 일도 원하지 않았다. 그때 나는 다른 대륙으로 여행을 떠날 거라는 환상에 젖어 있었다. 멀고 먼 나라로 떠나거나 옛 친구들을 방문할 수도 있으리라. 어느 곳이든 마음 가는 대로 골라서 떠날 수 있었다. 하지만 내 선택지들에 대해 심사숙고한 결과, 내게는 '완전한 휴식'이 필요하다는 점을 깨달았다. 일단 그 당시에 나는 여행을 위해 많은 준비를 할 수 있는 상황이 아니었다. 무엇이든 '계획'한다는 것이 압박감으로 다가왔다. 너무나 심하게 소진된 나머지 다른 어떤 결정도 제대로 내리기 어려운 상태였다.

앞서 3장에서도 언급했듯이 일시정지를 실행하기 전에 모든 것을 다 파악하고 계획해야 할 필요는 없다. 특별히 계획을 하지 않음으로써 만나게 되는 새로운 모험도 있는 법이다. 충분히 생각할 시

만약 회사가 직원들에게 안식 휴가를 제공한다면, 어떤 결과를 얻을 수 있을까? 더블클릭에 다니던 시절, 나는 회사로부터 4주간의 휴가를 허락받아 뉴질랜드와 호주를 여행했다. 당시 회사는 5년간 근속한 직원들에게 4주간의 휴가를 제공했다. 그때 나는 회사가 준 선물에 무척 감격했다. 내게 재충전의 시간을 허락한 회사가 너무나 소중했다. 당시에 내 마음속에는 휴가를 마치고 회사를 그만둘 것이라는 생각이 손톱만큼도 없었다. 당연히 복귀해더 열심히 일하겠다는 마음뿐이었다. 그리고 사실 나 같은 직장인이 대부분인 것으로 밝혀졌다.

2015년 12월에 나는 235명의 사람들에게 "무급 장기 휴가를 받는다면, 현재의 직장으로 다시 돌아오겠습니까?"라는 질문을 던졌다. 60퍼센트의 사람들이 '당연히 돌아올 것'이라고 대답했고, 26퍼센트는 자신은 무급 휴가를 쓰지 않겠다고 답했으며, 14퍼센트만이 복귀하지 않겠다는 대답을 내놓았다.

그리고 다시 같은 사람들에게 "회사에서 무급 휴가를 허락한다면, 얼마나 길게 휴가를 내겠습니까?"라고 물어보았다. 30퍼센트의 사람들만 '무급이라면 휴가를 가지 않겠다'라고 말했고, 나머지 70퍼센트는 일주일에서 한 달까지 휴가를 내겠다고 답했다.[29]

이 설문이 의미하는 바는 무엇일까? 작은 표본이기는 하지만, 많은 직장인들이 수입을 포기하고라도 기꺼이 휴식을 원하며, 또 그들 중 대부분이 다시 회사로 돌아가기를 원한다는 사실을 알 수 있다. 직원들에게 부가적인 복지혜택을 줌으로써 회사는 보다 행복하고 의욕 있는 직원을 갖게 되지는 않을까? 기업을 경영하는 사람이라면 직원들의 '일시정지'를 장기적인 관점에서 생각해볼 필요가 있다.

간을 갖거나 이전의 습관으로부터 한발 물러서 있을 때 당신의 뇌는 더 편안한 상태에서 창의력을 발휘할 수 있다. 따라서 거창한 계획을 세우든 아니면 아예 계획을 세우지 않든 반드시 지켜야 할 규칙이란 없다.

일시정지에 앞서 계획이 없다고 하면 겉으로 보기에 무책임해 보일 수 있고, 게으름을 피운다고 오해를 살 수도 있다. 하지만 실제로는 '계획하지 않는 계획'이 우리를 괴롭히는 과도한 생각을 줄여준다. 과도한 생각 때문에 일시정지가 필요한데, 오히려 일시정지의 기간 동안 과도하게 무언가를 고민하고 생각한다면 아무런 소용이 없지 않겠는가?

## '계획'이라는 압박에서 벗어나기

나는 3개월간의 휴가를 허락받은 뒤 몇 차례의 단기 여행을 제외하고는 특별히 다른 스케줄을 짜지 않았다. 당시에 나는 3개월 후 구글로 다시 돌아갈 것인지, 아니면 일시정지를 얼마간 더 연장할 것인지조차 결정하지 않은 상태였다. 내가 분명히 알았던 것은 이제 3개월의 시간이 나에게 주어졌다는 사실뿐이었다. 나머지는 이후에 저절로 알게 되리라 생각했다. 내가 세웠던 3개월간의 여행 계획은 다음과 같다.

하나, 텍사스주 오스틴에 사는 동생 집을 일주일간 방문한다.

둘, 시에라네바다에서 몸과 마음을 회복하는 시간을 갖는다.

셋, 버닝 맨 페스티벌에 참가한다.

6장에서 언급했던 '버닝 맨 페스티벌'에 대해 알고 있는가? 이 행사는 네바다주 블랙 록 사막에서 7일 동안 열리는 예술 축제로, 2016년에는 7000명이 넘는 사람들이 참가했다. 이 축제는 일시정지를 즐기고, 고착화된 행동을 의도적으로 변화시키기에 최고로 이상적인 공간이다. 인터넷은 물론 전기도 없어서 틀에 박힌 일상에서 벗어날 수 있는 절호의 기회이기도 하다. 그래서 이 축제는 '지구상 가장 불편한 장소에서 철저히 독립심을 기르는 실험'이라고도 불린다.[30] 매일의 일상에서 벗어나 일시정지를 즐기기에 이보다 더 좋은 환경이 어디 있겠는가?

사실 3개월간의 장기 휴가가 절반이 지나갈 때까지 나는 버닝 맨 페스티벌에 참가할지 말지를 두고 고민에 고민을 거듭했다. 공교롭게도 이 축제가 3개월간의 휴가 기간 중 마지막 주에 열렸기 때문이었다. (또 그 주에 내 서른아홉 번째 생일도 있었다!) 많은 사람들이 그 축제에 꼭 참가해보라며 추천해주었지만, 그럴 때마다 별로 대수롭지 않게 여겼다. '그냥 캠핑일 뿐인데 왜 굳이 덥고 시끄럽고 불편한 환경에서, 그 많은 사람들과 부대끼며 괴로워해야 하는가? 그래봤자 인생이 뭐 얼마나 달라질 수 있다고…….'

하지만 이는 완전히 잘못된 생각이었다. 버닝 맨 페스티벌에 참가한 일은 내게 완전히 새로운 기회를 열어주었고, 기존에는 도저히 경험해볼 수 없었던 행동을 하게 만들었다. 이를 통해 나는 이전에는 전혀 생각조차 하지 못했던 삶의 방식이 있다는 사실을 깨달았다. 거기에서 내 삶에 의미 있는 영향을 끼친 좋은 사람들도 많이 만났다. 무엇보다도 나는 버닝 맨 페스티벌 덕분에 모든 사람들이 창조적이고, 호기심 많고, 인생을 즐기기 좋아한다는 사실도 알게 되었다. 그리고 사막을 떠난 후에도 이러한 깨달음이 오래 지속되었다.

버닝 맨 페스티벌은 내 일시정지를 한 단계 더 높은 단계로 이끌었다. 거기에서 보낸 6일간의 시간 동안, 나는 내가 되고자 하는 존재에 대해 보다 더 깊이 이해하게 되었다. 산만한 일상에서 벗어나 완전히 새로운 환경에서 나에 대해 더 명료하게 의식을 갖게 된 덕분이었다.

또한 이 경험을 통해 새로운 목적도 갖게 되었다. 현재를 즐기고, 적극적으로 참여하며, 내가 교류하는 사람들과 더 깊게 연결되고 싶다는 열망을 느꼈다. 버닝 맨 페스티벌은 새로운 커리어를 탐색하는 데에도 영향을 미쳤다. 만약 일시정지의 기간 동안 틀에 박힌 일정만을 고집했다면, 이런 깨달음의 순간을 맞이할 수 있었을까? 나처럼 당신도 계획의 유연성을 가지고 뜻밖의 경험과 기회를 마음껏 즐겨보기 바란다.

# 미래를 위해 현재를 아끼지 마라

여유 부릴 시간이 충분하다는 것은 참으로 아이러니하다. 바쁘게만 살던 우리에게 갑자기 너무 많은 시간이 주어지면, 그 사실 자체만으로도 당황하여 어떤 것을 행하거나 계획하는 데 마비 상태가 되어버리고 만다. 정해진 업무 시간과 일에 파묻혀 살던 우리가 갑자기 아무런 계획이 없는 상황에 들어선다는 것은 사실 쉬운 일이 아니다. 앞서 말했듯이 우리의 뇌는 반복과 구조를 좋아하기 때문이다.

그렇다면 우리는 어떻게 일시정지의 계획을 세워야 할까? 일시정지는 현재에 충실하기에 가장 좋은 기회다. 굳이 서둘러 다음에 해야 할 일을 하거나, 빡빡하게 채워진 일정표를 뒤적일 필요가 없다. 나 자신과 지금 당장 놓여 있는 일에만 전념하며, 지금 이 순간 자신의 느낌을 확인하면 된다. 3개월간의 일시정지로부터 내가 배운 것은 어느 순간이든 내가 하는 일의 '양'이 아닌, 삶의 '질'에 집중하는 마음가짐이었다. 매 순간을 그냥 흘려보내지 않고 새로운 방식으로 느끼고 참여하려고 했다. 커피를 주문하면서 바리스타와 눈을 맞춰보라. 오랫동안 연락하지 않았지만 문득 마음속에 떠오른 친구에게 전화를 걸어보라. 거리를 걷다가 마주친 행인에게 미소를 지어보아라. 그러면 무엇이 보이겠는가? 어떤 일을 경험하게 될까?

1971년에 출간된 람 다스<sup>Ram Dass</sup>의 고전 『지금 여기에 존재하라 Be Here Now』(국내 미출간)에는 일시정지의 참 의미를 되새겨볼 수 있는 구절이 등장한다. 그가 쓴 글은 나로 하여금 어느 때이든지 나 자신에게 충실할 수 있도록 마음을 다잡아주었다. 덕분에 나는 다음에 해야 할 일이 무엇인지, 누군가가 내게 어떤 평가를 내릴지 걱정하지 않게 되었다. 람 다스는 이렇게 썼다.

"그저 지금 여기에 존재하라. 당신이 진정으로 '여기', 그리고 '지금' 머무르고 있는지에 대해서만 생각하라. 그것만으로 충분하고, 그것으로 당신은 최고의 힘을 얻게 되이 언제든 최선의 결과를 낼 것이다. 그러니 미래를 걱정하느라 당신의 소중한 지금을 허비할 필요가 없다."[31]

PAUSE STORY

## 성공한 영업이사에서 주체적인 삶의 설계자로

_ **켄 앨트먼**Ken Altmann

⋯ 2009년에 켄은 '야후'에서 영업이사로 큰 성공을 거두며 능력을 인정받았다. 어느 날 밤, 켄과 그의 여자친구 힐러리, 그리고 다른 한 커플이 퇴근 후 술을 마시며 이야기를 나누고 있었다. 그러던 중 그들은 아주 재미난 주제에 도달했다. 네 사람 모두 회사를 그만두고 세계 여행을 떠나면

어떤 일이 벌어질까? 그들은 드라마틱한 변화의 가능성에 도취되었다. 그리고 놀랍게도 켄은 그 엉뚱하고 무모한 도전을 실행하기로 결심했다.

·································································

**예산** 켄과 힐러리 각각 3만 5000달러

**기간** 1년

**목적** 여행을 다니며 현지인처럼 살아보고, 자신의 삶 밖에 존재하는 세계를 발견하기 위하여

**계기** 술자리에서 우연히 불거진 씨앗에 불과했지만, 생각할수록 약간의 돈과 계획만 있다면 얼마든지 가능한 일이라는 마음이 들었다. 그리고 여자친구 힐러리 역시 그의 생각에 어느 정도 관심을 보였다.

사실 지금껏 그는 직장을 다니는 동안 일주일 이상 휴가를 내본 적이 없었다. 스타트업 기업에 다니는 사람들이 으레 그렇듯, 자리를 오래 비우면 일이 제대로 돌아가지 않을 거라는 압박감을 느꼈다. 현재도 영업이사라는 막중한 위치에 있었고 휴가를 내기에 쉽지 않은 상황이었지만, 그럼에도 그는 1년 365일짜리 일시정지를 위해 과감히 자리를 비우기로 결심했다.

비즈니스 컨설턴트로 일했던 힐러리는 정말로 자신들의 생각을

실현하기 위해서는 빠르게 계획을 수립해야 한다고 생각했다. 두 사람 모두 여행의 목적은 비슷했다. '현지인처럼 살아보며 전 세계 방방곡곡에 존재하는 다양한 삶을 경험해보기.' 두 사람은 우선 회사에 다니는 동안 자신들의 아이디어를 시험해보기 위해 약 2주 동안 호주로 여행을 떠났다. 실로 오랜만에 느껴보는 자유였고, 1분 1초가 너무나 소중하게 느껴졌다. 마침내 그들은 확실하게 결심했다. '경생의 쳇바퀴를 떠나 1년 동안 세계를 여행하자! 그리고 우리만의 인생 시나리오를 써보자!' 그들은 결혼식을 올렸고, 그렇게 장기간의 허니문을 떠났다.

**활동** 일은 벌어졌고 시간도 확보했으니 다음 단계에 돌입해야 했다. 어디에서 출발해서 어디를 향해 갈 것인가. 늦은 밤 두 사람은 한쪽 벽에 세계지도를 붙여놓고 여행이 가능한 나라들을 점검하기 시작했다. 각각 여섯 개의 다트 핀을 들고 가장 우선적으로 가보고 싶은 나라 세 군데와 절대로 가고 싶지 않은 나라 세 군데에 꽂았다.

그렇게 나라를 결정하고 난 뒤 세부적인 계획을 구상했다. 규칙은 단순했다. '너무 과도한 스케줄은 피할 것.' 그들의 목적은 단 하나 '현지인처럼 살아보기'였다.

실제로 두 사람은 여행을 하며 다음에 여행할 나라를 그 자리에

169

서 골랐다. 돈을 아끼고 최대한 현지인의 삶을 경험하기 위해 로컬 대중교통과 호스텔을 적극 이용했다. 인도에서 기차를 탔을 때에는 삐죽 튀어나온 금속 조각에 켄의 반바지가 찢어지는 바람에 넝마 신세가 되기도 했다. 켄의 몰골을 본 낯선 사람이 미소를 지으며 "인도에 완전히 적응하셨군요!"라고 말할 정도였으니까. 두 사람은 현지인들의 집에 초대를 받으며 각 나라의 일상생활도 적극적으로 체험했다. 어디를 가든 이런 기회를 만나면 그저 상황이 흘러가는 대로 몸을 맡겼다.

여행을 계속하면서 켄과 힐러리는 리드미컬한 삶의 흐름에 익숙해져갔다. 불확실성은 일상으로 자리 잡았고, 별로 걱정할 일도 없었다. 오히려 그러한 불확실성에 자연스럽게 융화되었고, 두려움에 움츠러들기보다는 두 팔 벌려 환영했다. 두 사람 모두에게 그것은 완전히 새로운 삶의 방식이었다.

**영향** 1년간 지속된 그들의 여행은 두 사람의 가치관과 삶의 방식을 영구적으로 변화시켰다. 아프리카를 방문한 뒤 그곳의 아기를 입양한 일이 가장 명백한 증거라고 할 수 있다. 아프리카에서 한 달을 보내는 동안, 그들은 그곳의 사람들과 사랑에 빠졌다.

이후 켄과 힐러리는 소진된 은행 잔고를 채우기 위해 다시 직업을 찾아 나섰다. 아이를 키우기 위해서는 어느 정도 안정된 수입이 있어야 했기 때문이었다. 켄은 다시 온라인 세일즈 업무를 시작했고, 힐러리는 비즈니스 컨설팅 분야에서 새로운 직장을 구했다. 그들은 자신들이 절대 미국으로 돌아오지 않을 것이라 생각했지만, 결국에는 제자리로 돌아왔고 이전에 하던 일을 지속하고 있다. 비록 그들이 하는 일의 종류는 변하지 않았지만, 일을 대하는 관점과 방식만큼은 완전히 변화했다. 이제는 무작정 일에 파묻혀 자기 삶을 잃어버리는 바보 같은 짓은 하지 않는다. 자기 삶의 목적과 라이프스타일을 추구하면서 여유롭고 편안하게 일을 하고 있다. 그리고 지금 그들은 우간다의 한 소년을 입양해 행복한 가정을 일구며 살고 있다.

........................................................................................

#일시정지를 위한 조언

### 1. 최대한 현지인처럼 여행하라

새로운 인생관을 얻는 최고의 방법은 완전히 다른 문화를 체험해보는 것이다. 적은 예산으로 현지인처럼 그들이 자는 곳에서 잠을 자고, 함께 밥을 먹고, 로컬 대중교통을 타며 살을 부딪혀보기 바란다.

## 2. 가보지 못한 곳에 새로운 통찰이 존재한다는 사실을 믿어라

켄과 힐러리는 아프리카 사파리 투어 중 사막 한 가운데에 있는 마을에서 하룻밤을 묵었다. 곳곳에 움막만 있을 뿐 전기도, 수도도 들어오지 않는 아주 외진 마을이었다. 그 마을 주민들은 금요일 밤마다 움막 근처에 모여 춤을 추고 노래를 불렀다. 주민들은 켄과 힐러리를 따뜻하게 맞아주었다. 켄은 그때를 회상하며 이렇게 말했다. "어둠 속에서 빛을 발견하듯 가장 두려운 곳에서 가장 큰 행복을 만났습니다."

인생은 선택의 연속이고, 그 방아쇠는 자기 자신만이 당길 수 있다. 그리고 우리는 살면서 갖가지 두려운 결정을 내려야 할 순간을 맞이한다. 그럴 때 위험을 감수하고 자신의 안전지대 바깥으로 발을 옮기면, 이전에는 결코 상상하지 못했던 일들이 벌어진다. 누구든 자기 인생을 바꿀 수 있다. 그러기 위해 선택에 대한 두려움을 떨쳐버려야 한다.

## 월급보다 더 크고 위대한 보상

일시정지의 기간 동안 월급을 받지 못한다는 것은 무척 슬픈 상황이다. 하지만 일시정지를 나 스스로에게 주는 '월급'이라고 생각해보면 어떨까? 대부분의 사람들은 돈을 번다고 하면 직장에서 월급을 받는 것이라고만 생각한다. 이런 생각을 바꿔보라. 일시정지는 자신을 회복하고 활력을 되찾기 위해 '영혼에 투자하는 일'이다. 당신의 미래를 위해 미리 돈을 내는 것이며, 인생의 불꽃을 다시 타오르게 하는 방법이다.

일시정지의 기간이 길든 짧든 당신은 더 노력하고 성장하기 위해 투자를 하고 있는 것이다. 무엇보다도 일시정지는 자기 스스로에게 내면의 목소리를 들을 수 있는 기회를 제공한다. 일상적인 활동을 잠시 멈춤으로써 지루한 반복에서 벗어나 스스로에게 온전히 집중할 수 있는 것이다.

해고를 당한 경우도 마찬가지다. 내 의지와 관계없이 강제적인 일시정지를 맞이했더라도 크게 낙담할 필요가 없다. 오히려 이 시간을 나에게 더 잘 어울리는 일을 찾거나 새로운 도전에 나설 수 있는 획기적인 기회라고 생각하면 된다. 새로운 역할을 탐색하거나 완전히 다른 직업을 찾을 수도 있으며, 자유롭게 다음 커리어를 모색하거나, 당신이 진정으로 원하는 일에 대해서도 심사숙고할 수 있다. 또한 가족이나 친구들과 함께 시간을 보낼 수 있는 여유도 생길 것이다. 결국은 이전의 삶에서 기대하지 않았던 뜻밖의 길을 발견하게 될 가능성이 높다.

# 누군가의 걱정에 현명하게 대처하는 법

일시정지의 시간을 계획하고 실행하는 동안 내가 가장 많이 들었던 질문은 "그래서 이제 너는 무엇을 하고 지낼 거니?"라는 말이었다. 심지어는 하도 많이 들어서 거의 미쳐버릴 지경이었다. 만약 장기적인 일시정지를 계획하고 있다면, 다음과 같은 질문을 받더라도 너무 놀라지 말기 바란다.

> "이제 너는 무엇을 하고 지낼 거니?"
> "그렇게 한 이후의 계획은 무엇이니?"
> "왜 그런 시간을 갖는 거니?"
> "다시 직장으로 복귀할 마음이 있니?"

이런 질문을 받으면 대개 어색한 침묵이 뒤따르곤 했다. 파티 모임에서 낯선 사람과 이야기를 하든 엄마와 대화를 하든 꼭 이런 질문이 나왔다. 처음에는 "아직 잘 모르겠어. 차차 알아봐야지"라고 대답했다. 하지만 시간이 지나면서 점차 내가 정말로 표현하고 싶은 진실하고 정직한 대답을 하는 쪽으로 발전했다. 그리고 앞으로 어떤 일이 벌어질지 알 수 없다는 속내도 솔직히 이야기했다. 결국 이런 대화를 통해 내가 중요시하는 것과 알고 싶어 하는 것을 발견하게 되었다.

아마 당신 역시 나와 비슷한 경험을 하게 될 것이다. 그럴 때 타인들의 호기심 앞에서 너무 방어적인 태도를 취하거나, 무작정 뒤로 숨지는 말기 바란다. 그 대신 방어막을 치우고 성장 마인드셋을 가져라. 사람들의 질문을 부담스럽게 생각하기보다는 자신의 계획을 정리할 수 있는 기회라고 생각해보면 어떨까? 또 당신이 말하고자 하는 바를 분명히 전하면서도 스트레스를 최소화할 수 있는 몇 가지 대답을 준비하는 것도 좋다. 아직 특별히 할 일이 없다거나 지금 알아보는 중이라고 솔직하게 대답하는 것도 포함된다. 그럴 경우에는 지금 상황이 어떻게 돌아가고 있는지 진척 상황을 알리고, 당신의 경험을 살짝 들려줄 수도 있다. 자신의 감정을 솔직하게 표현하다 보면 마음도 더욱 충만해질 것이다.

애플의 창립자 스티브 잡스는 자신이 세운 회사에서 해고를 당했던 경험에 대해 다음과 같이 이야기한 적이 있다.
"당시에는 괴로웠지만, 애플에서 해고당한 일은 내 삶에 있어 최고의 경험이었습니다. 성공해야만 한다는 중압감에서 벗어나 '초심'을 되찾을 수 있었고, 모든 일에 자만하지 않게 되었습니다. 덕분에 나는 내 인생에서 가장 창조적인 시간을 보낼 수 있었습니다."

# PRACTICE

## ❚❚ 질문

........................................................................................

나에게 3개월간의 장기 휴가가 주어진다고 생각해보자. 그 시간
을 어떻게 보내고 싶은가? 아래 질문들을 읽어보고, 현재형으로
답을 적어보라.


당신이 생각하는 이상적인 일시정지란 무엇인가?

_____

_____

_____


지금 어떤 기분이 드는가?

_____

_____

_____

시간을 어떻게 쓰고 있는가?

_____

_____

_____

그러한 활동을 하는 이유는 무엇이고, 앞으로 어떻게 변화할 자신을 기대하

는가?

_____

_____

_____

# 8장

# 가끔은
# 디지털기기와
# 거리 두기

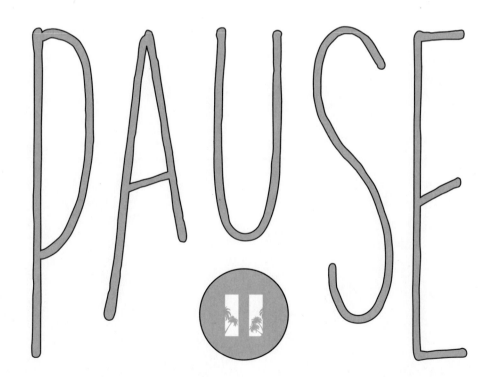

시간은 당신이 가진 유일한 동전이고,
그 동전을 어디에 쓸 것인지는
오직 당신만이 결정할 수 있다.

- 칼 샌드버그Carl Sandburg, 미국의 시인이자 퓰리처상 수상 작가

# PAUSE

**Ⅱ**  우리는 과거 그 어느 때보다도 서로 더 가깝게 '연결'되어 있다. 다양한 종류의 디지털기기들은 24시간 내내 우리 곁을 떠나지 않는다. 그 때문에 온라인 세상에서 보내는 시간이 전보다 훨씬 더 늘어났다. 어디론가 가야 할 때에는 GPS(위성 위치 확인 시스템)나 내비게이션에 의존하고, 온갖 검색 사이트를 통해 브랜드와 콘텐츠를 확인하며, 문자메시지와 SNS를 통해 실제 대화 없이도 친구의 소식을 알 수 있다. 하지만 의학기술이나 과학기술의 발달이 대개 그러한 것처럼 디지털기기의 발달 역시 우리에게 도움을 주는 한편, 부정적인 영향도 끼치기 마련이다.

## 스마트폰이 불러온 영혼의 굶주림

세계적인 벤처캐피탈기업 '클라이너퍼킨스코필드&바이어스Kleiner

Perkins Caufield&Byers'가 2013년에 발행한 '인터넷 트렌드 보고서'에 따르면, 전 세계적으로 사람들은 하루 평균 150번이나 스마트폰을 들여다본다고 한다.[32] 이 말은 곧 문자, 이메일, 웹사이트, 모바일 애플리케이션이 2~3분마다 우리의 일상을 침해한다는 의미다. 여론조사기관 '닐슨Nielsen'의 2016년 1분기 '전체 시청자 보고서'에 따르면, 우리가 스크린에 할애하는 시간은 하루에 열 시간 이상으로 이는 2015년 같은 기간에 조사한 수치보다 한 시간이나 증가했다.[33]

이제 미국인들은 평균 네 가지 종류의 디지털기기를 소유하고 있으며, 다양한 기기를 통해 일주일에 60시간씩 콘텐츠를 소비하고 있다.[34] 우리는 소위 말하는 '디지털 임계점'에 도달했다. 아래에 의미 있는 통계 자료를 추가로 살펴보자.

··· 스마트폰 소유자 중 47퍼센트는 매일 SNS 사이트에 접속한다.
··· 전체 SNS 사용자 중 64퍼센트는 적어도 하루에 한 번 이상 SNS 사이트에 접속한다.
··· 미국 전체 가정 중 83퍼센트는 고화질 텔레비전(HDTV)을 보유하고 있다.
··· 미국 전체 가정 중 49퍼센트는 한 대 이상의 디지털 비디오 녹화기기를 갖고 있다.
··· 미국 전체 가정 중 46퍼센트는 미디어 기능을 갖춘 한 대 이상의 게임 콘솔을 갖고 있다.

널슨은 같은 보고서를 통해 '우리는 최소 두 대 이상의 스크린을 가지고 있는 시대에 살고 있다. 스마트폰과 태블릿 PC 소유자 중 84퍼센트는 텔레비전을 보면서 동시에 자신의 디지털기기를 두 번째 스크린으로 보고 있다'라고 밝혔다.[35] 직장에서 컴퓨터 앞에 앉아 일하는 사람들을 제외하고라도 매우 깜짝 놀랄 만한 통계가 아닐 수 없다. 더불어 미국인의 39퍼센트는 직장에서 일하는 동안에도 습관적으로 SNS에 접속하며, 21퍼센트는 화장실에 앉아 있는 시간 동안 SNS를 들여다본다. 대략 100만 명의 미국인들이 매일 SNS에 접속하여 전 세계에서 벌어지고 있는 사건·사고에 대해 논한다.

이제 우리는 일상생활을 완전히 지배해버린 디지털기기의 발달이나 자신과 가족, 사회와 전 세계에 어떤 영향을 미치는지 생각해보아야 한다. 디지털기기로 인해 내 삶은 더욱 풍요로워졌는가? 내가 진정으로 원하는 갈망에 더 가까워졌는가? 분명 대다수의 사람들은 '그렇지 않다'라고 대답할 것이다. 디지털기기를 이용하는 동안 우리는 무의식에 지배를 받은 채 무의미하게 시간을 흘려보내고 있기 때문이다. 그래서 의식적으로 '디지털기기와 작별'하는 일은 단순히 삶을 윤택하게 만들기 위한 좋은 아이디어가 아니라, 우리가 필수적으로 시도해보아야 할 일이다.

나는 기술의 발달이 우리 삶에 무조건적으로 악영향을 미친다고 주장하는 것이 아니다. 다만 너무 강박적으로 이메일과 SNS의 포스팅을 확인하는 자세는 분명 '중독적'이라고 할 만하다. 앞서 2장에서 주디스 라이트 박사가 말한 '가벼운 중독 현상'은 '진정한 갈망'과 '피상적 욕구'를 혼동하게 만든다. 그녀는 자신의 책 『가벼운 중독 해결법The Soft Addiction Solution』(국내 미출간)에서 이렇게 말했다.

> "고통이 가해지지 않으면 우리는 절대로 표면 아래에서 벌어지는 일을 파악하지 못한다. 우리는 올바르게 욕구를 충족시키는 대신 먹고, 쇼핑하고, 텔레비전에 빠져 산다. 결국 사랑받고, 존중받고, 성과를 내고 싶은 우리의 영적인 허기를 채우지 못한다."[36]

인간으로서 우리는 즉각적인 만족을 해결하고 사소한 열망을 채우기 위해 부단히 노력하지만, 진정한 영혼의 굶주림은 끝내 채우지 못한다. 가벼운 중독은 인터넷 서핑이나 쇼핑, 과식과 같은 일상적인 활동부터 스포츠나 패션, 연예인에 대한 집착까지 다양한 유형으로 나타난다. 또 무언가를 선택함에 있어 더 쉬운 방향으로 우리를 인도한다. 예를 들어 '진정으로 교감하고 싶다'는 갈망이 들 때, 누군가를 껴안거나 눈을 맞추는 대신 SNS를 통해 투덜대고 관심을 얻으며 위안을 받는다.

무엇보다도 가벼운 중독은 '마약'과도 같아서 반드시 대가가 따른다. 사람과 사람 사이에 장벽을 만들어서 진정한 정서적 교류를 방해하기 때문이다. 도박이나 알코올 중독과 같은 심각한 중독 현상과 마찬가지로, 가벼운 중독 현상 역시 정확한 진단과 치료가 필요하다. 그리고 가벼운 중독을 치료하는 유일한 방법은 스스로가 중독에 빠지는 순간을 인식하고, 깊은 갈망이 무엇인지를 파악한 뒤 적극적으로 더 큰 갈망을 채우는 것이다.

나는 스스로 디지털기기 사용에 대한 조사 작업을 착수했다. 하루 중 얼마 동안 디지털기기에 빠져 살고 있을까? 우선 지난 일주일부터 되돌아보았다. 그 결과, 눈을 뜨고 있는 동안 평균 두 시간을 제외한 모든 시간 동안 디지털기기에 빠져 있었다. 그 두 시간은 보통 요가나 스피닝 강습을 받거나, 독서를 하고 일기를 쓰는 시간이었다. 그게 전부였다. 딱 두 시간. 나 역시 앞에서 말한 통계에서 벗어나지 못한 삶을 살고 있었다.

## 다시 내 삶에 집중하는 법, 디지털 디톡스

2013년에 옥스퍼드 사전은 '디지털 디톡스Digital detox'라는 신조어를 등재하면서 "사람이 스마트폰이나 컴퓨터와 같은 디지털기기 사용을 억제하는 일정한 시간"이라는 정의를 내렸다.[37] 나는 이 말이 우리의 어휘 문화에 공식적으로 포함되었다는 사실에 주목하고 싶다. 디지털기기로 인한 우려가 사회적으로도 널리 퍼졌고, 우리가 디지털기기로부터의 해방에 대해 더 많이 고민하고 있다는 증거이기 때문이다.

185

우리 대부분이 다양한 디지털기기에 지배받으며 산다는 것은 굳이 더 설명할 필요가 없을 만큼 자명한 사실이다. 나 역시 하루에도 몇 번씩 디지털 콘텐츠를 접하며 살아간다. 일시정지를 시작한 첫날 내 친구 캐슬린이 "너는 스마트폰을 그만 보아야 해"라고 충고했던 때에만 해도, 나는 스크린에 빠져 있는 잠깐의 시간이 인간관계에 문제를 일으킬 거라고는 생각하지 못했다. 누군가 내게 말해주지 않았더라면 평생 모른 채로 살았을 것이 분명하다.

다행히도 현재의 나는 디지털기기에 대한 나의 중독 상태를 정확히 인지하고 있으며, 그러한 습관을 바꿔보기 위해 노력하고 있다. 이메일을 체크하고 싶은 충동이 들거나 가벼운 중독 증세를 느낄 때면 스스로에게 이렇게 묻는다. '지금 내가 진정으로 갈망하는 것이 뭐지?' 필요에 의해 이메일을 여는 단 몇 분의 시간조차도 제한을 두고 있다. 그러한 탐닉에 대해 일종의 경계를 세우는 것이다.

디지털기기와의 거리 두기는 '접속'이 24시간 가능해진 지금 이 시대에 더없이 중요하다는 것을 강조하고 싶다. 물론 이를 위해 직장을 그만두거나, 전파가 닿지 않는 오지를 여행할 필요는 없다. 현재 당신이 있는 곳에서, 원하는 기간만큼 얼마든지 실천이 가능하다. 그리고 이러한 일시정지의 시간은 당신과 디지털기기와의 '주종관계'를 바꿔줄 것이다. 일정 시간 동안 전원을 꺼둠으로써 기계에 헌납하는 시간을 조정할 수 있다. 디지털기기와 스크린에서 24시간 자유로울 수 있다면, 삶에 어떤 변화가 일어날지 궁금하지 않은가?

# 세계적인 미디어 사업가에서 안식의 전도사로

_ **티파니 슐레인** Tiffany Shlain

…                     사업가이자 다큐멘터리 영화 제작자인 티파니는 남편, 두 아이와 함께 샌프란시스코 베이 에어리어에 살고 있다. 그녀는 무수한 다큐멘터리 영화를 제작했으며, 자신의 작품을 통해 70개가 넘는 상과 찬사를 받아 왔다. 하지만 그녀는 어느 순간부터 공허함을 느꼈고, 지금은 틈틈이 시간을 내어 디지털기기와의 거리 두기를 실천하고 있다.

**예산**  보통은 전혀 들지 않음

**기간**  일주일 중 하루 24시간 내내

**목적**  디지털기기로부터의 안식을 위하여

**계기**  2011년에 그녀는 다큐멘터리 영화 「커넥티드Connected」를 제작하면서 신경과학에 대해 공부했다. 우리가 개인으로서 또 사회의 구성원으로서 얼마나 연결되어 있는가를 조명하는 주제의 영화였다. 영화 안에서 그녀는 자신의 경험과 세상 사이의 연결점을 조사했다. 그리고 디지털기기와의 연결을 끊는 일이 자신의 바쁜 삶에 얼마나 큰 이점을 주는지 깨닫기 시작했다.

187

당시에 티파니의 아버지는 뇌종양으로 고통 받고 있었는데, 그녀의 영화에 그러한 상황이 잘 담겨 있다. 아버지가 돌아가신 후 그녀는 일주일 중 하루 날을 잡아 디지털기기와의 거리 두기를 실천했는데, 이를 '디지털기기로부터의 안식일'이라고 이름 붙였다. 그리고 이는 자연스럽게 그녀의 일상으로 자리 잡았다. 그녀는 당시를 이렇게 회상했다.

"아버지의 죽음은 내 삶에 경종을 울리는 사건이었습니다. 우리가 세상에 존재하는 시간은 얼마 되지 않는데, 그동안 사랑하는 사람과 시간을 보내기보다 디지털기기에 매여 있는 시간이 더 많았던 거죠."

티파니는 자신이 정한 디지털기기로부터의 안식일에 '유대교에서 치르는 안식일'의 정신을 담았다. 본래 안식일의 의미는 천지창조의 과정 중 신의 휴식일을 기리는 것으로, 유대인들은 그 기간 동안 어떠한 디지털기기도 사용하지 않는다. 물론 자동차, 형광등, 엘리베이터와 같은 일상적인 물건도 사용을 금한다. 디지털기기의 사용을 얼마나 엄격하게 제한할 것인지는 당신의 선택에 달려 있겠지만, 그래도 일주일에 하루 정도는 그녀처럼 친구와 가족에게 감사를 표하고, 함께 보내는 시간을 위해 전원을 꺼둘 수 있지 않을까?

**활동**  히브리어로 '안식'이라는 단어는 '일을 완전히 중단하는 휴식'을 의미한다. 보통은 하루를 가리키지만, 때로는 더 긴 시간을 뜻하기도 한다. 티파니의 안식일과 전통 유대교의 안식일은 그러한 점에서 무척 비슷하다.

의도적으로 일주일에 하루, 24시간 내내 디지털기기의 전원을 꺼 두는 일은 그녀와 그녀의 가족들에게 놀라운 변화를 가져왔다. "단 하루만 디지털기기의 방해를 받지 않아도 기분이 상쾌해져요." 그녀와 남편, 그리고 두 아이들은 아무런 방해가 없는 가운데 눈을 맞춰 대화하고 함께 식사를 하며, 서로에게 감사의 마음을 표한다. 그렇게 함으로써 서로에게 그리고 스스로에게 보다 더 친밀하게 연결되어 있다는 느낌을 받는다.

티파니는 자신의 책 『브레인 파워Brain Power』(국내 미출간)에서 "당신이 가장 아끼는 디지털기기가 가진 최고의 기능은 바로 '전원 끄기'다"라고 말했다.[38] 그녀는 보통 안식일 동안 친구 또는 가족과 어울리거나, 가까운 교외로 여행을 떠난다. 디지털기기의 전원을 끄는 것 외의 별다른 규칙은 없다. 단지 24시간 실행할 뿐이지만, 때로는 며칠을 그렇게 보낸 것 같은 기분을 느낀다.

**영향**  그녀는 상쾌하고 활기찬 기분을 느낀다. 그리고 안식일로부터 돌아올 때마다 자신이 누리는 삶에 대해 감사한 마음을 느낀다. 무엇보다도 그녀의 안식에 영감을 받은 사람들이 점차 늘어나고 있다는 점도 고무적이다. 그녀가 운영하는 회사의 직원들은 그녀처럼 토요일마다 디지털기기의 전원을 끈 채 회사일로부터 해방을 누리고 있다.

## 만약 침실에서 스마트폰을 쫓아낸다면?

허핑턴포스트 미디어그룹 회장 아리아나 허핑턴<sup>Arianna Huffington</sup>은 자신의 책 『수면 혁명』에서 미국 질병통제예방센터의 조사 자료를 인용하며, "우리 중 30퍼센트 이상이 충분한 수면을 취하지 못하고 있다"라고 주장했다.[39] 수면에 대한 그녀의 조언 중에는 '침실을 디지털 안전지대로 만들라'는 내용도 포함되어 있다. 실제로 그녀는 한 달 동안 하루 8시간씩 잠을 자겠다는 결심을 세웠는데, 그녀가 이를 성공적으로 해낼 수 있었던 이유는 '침실에서 디지털기기를 완전히 몰아낸 덕분'이었다. 그녀는 같은 책에서 "디지털기기를 침대에서 멀리 두어서 한밤중에 깨어나 최신 뉴스를 확인하거나 이메일을 열어보고 싶은 충동을 물리쳤다"라고 말했다(나는 침실뿐만 아니라 '화장실'도 디지털 안전지대에 포함시킬 것을 권한다).[40]

더불어 매거진 《디지털 트렌드》는 2015년 7월호에서 '디지털기기가 뿜어내는 파란 불빛의 파장이 수면의 양과 질에 어떤 영향을 미치는가?'에 관한 특집 기사를 실었다. 임상 심리학자이자 수면 치료사인 마이클 브레우스Michael Breus는 다음과 같이 설명했다.

"파란 불빛의 파장이 시교차 상핵이라는 뇌 부위에 신호를 보내어 수면을 유도하는 멜라토닌 호르몬의 생성을 중단하게 만든다. 파란 불빛은 하루 중 다른 시간에는 별다른 영향을 미치지 않는다. 잠들기 전 딱 90분만 멀리하면 된다."[41]


## '언플러그 데이' 지정하기


티파니처럼 당신도 디지털기기로부터의 거리 두기를 실천할 수 있다. 그 방법 중 하나는 전 세계적으로 큰 호응을 얻어낸 캠페인, '언플러그 데이National Day of Unplugging'에 참가해보는 것이다. 이 행사는 비영리기관 리부트Reboot가 시행하는 프로젝트의 일환으로, '활기차고 의미 있는 유대인으로서의 경험'을 창출하는 데에 목적을 두고 있다. 물론 유대인이 아니더라도 이 행사에 참가할 수 있다. 전 세계적으로 3월 첫째 주 금요일 저녁부터 그다음 날 토요일 저녁까지가 공식적인 행사일로 정해져 있으며, 그동안 참가자들은 얼마만큼 플러그를 뽑고 생활할지를 결정한다. 아예 야외로 나가서 전기를 사용하지 않는 사람도 있고, 직장이나 집에서 인터넷 사용을 금하는 사람도 있다.

꼭 지정된 날짜가 아니더라도 아무 날, 아무 시간이나 골라 '언플러그'를 시도해보기를 권한다. 어떤 식으로든 그냥 딱 하루, 아니면 하루 중 일부 시간만 스마트폰의 전원을 꺼보는 것이다. 야외로 하이킹을 나가기에, 미뤄왔던 독서를 하기에, 친구와 식사를 하기에 이보다 더 좋은 핑곗거리가 어디 있겠는가? 그렇게 디지털기기로부터 해방된 시간을 마음껏 즐기는 것이다.

플러그 뽑기에 성공하기 위해서는 약간의 계획이 필요하다. 사실 당신이 깊은 산 속에 사는 사람이 아니라면, 통신 장비와의 접촉을 완전히 차단하기란 어려울 것이다. 그러니 디톡스 기간 동안에는 어떤 기기를 사용하지 않을 것인지에 대한 계획을 세워야 한다. 다만 여기서 절대 잊지 말아야 할 점은 '디지털기기로부터 멀어진 이후에 당신에게 나타난 변화'를 인지하는 것이다. 스마트폰으로 문자메시지를 나누는 대신, 직접 만나 얼굴을 보며 식사를 하고 이야기를 나눌 때 나의 감정은 어떠할까? 아마 훨씬 더 큰 충만함과 행복을 느낄 것이라고 생각한다.

다시 강조하지만 일시정지는 언제 어디서나 가능하다. 단지 그 시간을 잘 활용하는 것이 중요하다. 일시정지란 행동을 전환하여 당신이 하는 일과 생각하는 바를 변화시킬 수 있는 관문이다.

더불어 일시정지는 단순히 '재충전'을 의미하지 않는다. 디지털기

기로부터의 거리 두기든, 깊고 의식적인 호흡의 반복이든 일시정지
는 당신으로 하여금 지금까지와는 다르게 생각하도록 만들어준다.
행동을 바꾸고 자기 자신 속으로 깊이 빠져들 수 있는 기회, 자신의
목소리를 듣는 연습에 몰두할 수 있는 기회인 것이다.

## 온라인 수혜자에서 창조적 해방가로

_ 다니엘 라포트 Danielle LaPorte

···            다니엘은 명실공히 이 시대에 가장 영향력 있는 작가다. 그
녀는 온라인에서 블로그 활동을 통해 이름을 알렸는데, 2011년에 그녀를 처
음 만났을 때에는 이미 작가로서 큰 성공을 거두고, 강연자로서 '누군가의 목
표를 이루도록 돕는다'는 자신의 꿈을 실현하는 중이었다. 온라인의 수혜를
톡톡히 받은 그녀이지만, 아이디어와 심신을 재충전하기 위해 종종 디지털기
기로부터의 거리 두기를 실천하고 있다.

**예산** 일상적인 생활비 외에 추가로 필요한 비용 없음

**기간** 1개월

**목적**　창의력을 재충전하고, 다음 책의 집필을 준비하기 위하여

**계기**　다니엘은 평소 자신의 강연 내용대로 창조적인 삶에 대한 열망을 실현시키고 싶었다. 재충전의 시간을 가지며 자신의 창의적인 영혼을 깨울 필요가 있었다. 바쁘게만 살던 와중에 문득 자신의 상태를 재점검하고 몸의 긴장을 완화시켜야 한다는 생각이 떠올랐고, 휴식을 통해 창의력을 증가시킬 수 있다는 사실을 깨달았다. 그러한 첫 번째 단계로, 디지털기기를 비롯한 외부 세계와의 단절을 실천했다.

**활동**　실제로 그녀는 1개월 동안 모든 디지털기기와 인터넷 사용을 금했다. 그리고 그녀와 함께 프로젝트를 진행하는 팀원 모두가 이 활동에 동참했다. 다니엘처럼 온라인을 통해 자신의 경력을 쌓아온 이들에게는 실로 대담하고 과감한 도전이 아닐 수 없었다. 한 달 동안 그들은 텔레비전으로 뉴스는 조금 봤지만, 스마트폰 사용과 블로그 업데이트, 이메일 확인 등은 일절 하지 않았다. 그녀는 블로그를 통해 세상에 등장했지만, 이번에는 정반대의 방법을 통해 세상에서 자취를 감추었다.

**영향**　그녀는 디지털기기와의 거리 두기를 통해 자신의 창조적 리듬을 보다 더 잘 이해하게 되었다. 다시 일터로 돌아왔을 때에는 한층 더 새롭고, 신선하고, 에너지가 넘치는 상태로 일에 몰입

할 수 있었다. 곧이어 그녀는 자신의 삶에서 지속적인 변화를 만들고자 하는 사람들을 위해 다음 책 집필 작업에 착수했다. 그리고 이 책은 2년 후 『욕망의 지도The Desire Map』(국내 미출간)라는 이름으로 출간되어 베스트셀러에 올랐다.

...................................................................................

## #일시정지를 위한 조언

### 1. 때때로 당신의 배터리를 완전히 충전하라

반쯤 충전된 배터리를 지닌 채 살아가고 있는가? 여기서 말하는 배터리란 자신이 가진 모든 능력을 뜻하는데, 때때로 배터리를 완전히 충전해주어야 최대한의 능력으로 최고의 성과를 이룰 수 있다. 배터리가 소진되는 것처럼, 우리의 능력과 기력도 계속 사용만 하다 보면 점점 떨어지기 마련이다. 다니엘처럼 가끔은 배터리를 완전히 충전하는 시간을 가져보기 바란다.

### 2. 모든 것이 에너지라는 점을 기억하라

다니엘은 자신의 블로그에 처음 일시정지를 선언하며 이런 글을 남겼다.

195

"내가 디지털의 성지라고 여기는 나의 연구실에는 고유의 에너지와 진동이 존재한다. 모든 생명력은 차고 기울 때가 있는 법이다. 지금은 엔진을 조금 식혀야 할 때다."

성과를 위한 창의력과 아이디어, 인간관계를 위한 마음, 일을 추진하는 동기와 의지 모두 자신이 지켜야 할 '에너지'다. 내가 가진 에너지가 소진되고 있는지, 혹은 완전히 소진되어 삶의 의지마저 사라진 상태는 아닌지 수시로 점검해보아야 한다.

### 3. 당신이 중요하다고 생각하는 일에 에너지를 쏟아라

앞서 말했듯이 에너지는 한정되어 있고, 매 순간 소진되고 있다. 그러니 허투루 에너지를 쓰지 말고, 자신이 정말로 시간을 투자해야 하는 일, 진정으로 가슴이 뛰는 일이 무엇인지를 파악하고 거기에 집중적으로 에너지를 쏟아야 한다.

디지털기기로부터 분리되면 처음에는 불안한 마음에 안절부절못하거나, 금세 포기하고 다시 습관처럼 전원을 킬 가능성이 높다. 하지만 한 번 성공하고 나면, 오히려 세상과 더 깊게 연결되어 있다는 느낌을 받을 수 있다. 마치 실험을 당하고 있다는 기분이 들 수도 있지만, 그렇게 해서라도 당신에게 맞는 디지털 디톡스 방법을 찾아보기 바란다.

## ⅠⅠ 디지털 디톡스 실천법

① ⋯ 일주일 혹은 한 달 중 하루를 '디지털기기로부터의 안식일'로 지정하라. 예를 들어 '매달 둘째 주 토요일은 스마트폰 전원을 끄고 하이킹 즐기기'라는 규칙을 세워보는 것이다.

② ⋯ 오후 7~8시 혹은 식사 시간 등 하루 중 특정한 시간 동안만큼은 디지털기기의 사용을 제한해보라. 무의식적으로 스마트폰을 손에 쥐고 스크린을 보는 사람이라면, 그 시간 동안에는 보이지 않는 곳에 넣어두는 것도 좋은 방법이다.

③ ⋯ 한 달 동안 직접 누군가를 만나거나 음성 통화를 하는 것 외

에는 SNS나 이메일 등 디지털기기를 이용한 접촉을 제한해
보라. 약속을 잡는 일도 가급적이면 음성 통화를 이용해야
한다.

④ ⋯ 침실이나 화장실과 같이 집 안 공간 하나를 '디지털기기 안
전지대'로 삼고 휴대폰, 텔레비전, 태블릿 PC 등을 절대 들
이지 말아보라. 물론 충전도 밖에서 해야 한다.

**⓫ 질문1.**

수면의 질을 향상시키기 위해 자신의 디지털기기 사용 습관을 어떻게 개선
할 수 있는가?

_____

_____

_____

_____

## ⏸ 질문2.

당장 이번 주부터 디지털기기로부터의 거리 두기를 실행한다면, 어떤 방법이
자신에게 가장 적합한가?

_____

_____

_____

## ⏸ 질문3.

만약 일주일 동안 디지털기기로부터 단절되어야 한다면, 사용하고 싶은 기
기와 사용하지 않아도 되는 기기는 무엇인가?

_____

_____

_____

# 9장

# 의미 있는
# 일시정지를 위한
# 8가지 조언

일시정지는 쓸데없는 시간 낭비가 아니라,
우리를 회복시키는 힘이다.
짧은 시간일지라도 그 힘은 상상 이상으로 크다.

- 데일 카네기Dale Carnegie, 미국의 자기계발 전문가

# PAUSE

⏸ 이번 장에서는 내가 일시정지의 시간 동안 직접 실행해보았던 활동 중 꽤나 효과가 좋았던 것들을 하나씩 소개하고자 한다. 다만 각자가 처한 사정이 다를 수 있으므로 투입되는 기간이나 일체의 비용 등은 고려하지 않았다. 어떻게 해야 일시정지의 시간을 효과적으로 보낼 수 있는지 그 방법을 잘 모르겠다면 아래 조언들을 하나씩 따라 해보기 바란다. 내가 얻은 깨달음을 당신도 충분히 얻어갈 수 있을 것이다.

### #하나. 일상의 규칙을 디자인하라

자유를 원하는 것은 모든 인간의 본능이지만, 사실 삶에 적절한 규제와 체계가 있을 때 우리는 보다 깊은 안정감을 느끼고 스트레스도 덜 받는다. 아무런 원칙도 체계도 없이 일을 진행하면 위기에 빠지기 쉬운 법이다. 그래서 일시정지의 시간 동안에도 어느 정도 자기만의 규칙을 세워두면 망가진 삶에 체계를 더하는 데 도움이 된다.

나도 일시정지의 기간 동안 아주 작은 규칙 몇 가지를 세워놓고 매일매일 실천하려고 노력했다. 일을 손에서 놓고 나서 처음 며칠간은 아침에 일어나 무엇을 해야 할지 몰라서 멍한 상태로 오전 시간을 날려버리곤 했다. 그러던 중 친구 캐슬린에게 조언을 구했고, "매일 아침 10시 전까지는 무조건 집을 나서라"는 그녀의 말이 내 마음을 사로잡았다. 나는 그녀의 조언을 비롯해 매일 내가 해야 할 일상의 규칙들을 목록으로 작성해보았다. 일주일 동안 반복해서 실험해보고 내게 맞는 것과 맞지 않는 것들을 정리해나갔다. 그 당시 내가 지켰던 규칙은 다음과 같다.

··· 아침에 일어나면 곧장 침대를 정리한다.

··· 아침 10시 이전에는 무조건 집을 나선다.

··· 하루에 한 번 따뜻한 물로 샤워를 한다.

··· 온라인에 접속하는 시간은 하루 최대 30분으로 제한한다.

··· 하루에 한 시간은 집 밖에서 나를 기분 좋게 만드는 일을 한다.

처음 2주 동안은 기존에 갖고 있던 습관을 새로운 습관으로 대체하고, 내 일상에 완전히 길들이는 데에 집중했다. 규칙이 몸에 배이고 삶의 체계가 잡히면서, 다시 조직적인 생활을 한다는 안정감이 느껴졌다. 실제로 나는 아침마다 노트북을 들고 카페로 가 에그부리토를 먹었고, 이를 매일매일 반복했다.

또 너무 틀에 박힌 하루를 보내지 않기 위해 하루에 한 시간씩 색다른 경험을 하며 기분을 전환시켰다. 계획에 없던 산책이나 미술관 관람, 영화 감상 등 즐길 거리는 도처에 즐비했다. 이렇게 내 나름대로 세운 일상의 규칙들은 설레는 마음으로 다음 날을 기다릴 수 있게 해주었고, 의식적으로 하루를 보내게 해주었으며, 내가 원하는 일에 초점을 맞추고, 긴장과 스트레스를 완화시키는 데에 도움이 되었다.

## #둘. 정신을 위로하는 일을 하라

규칙은 분명 하루하루를 안정감 있게 유지시켜준다. 하지만 '규칙이 정서적인 깊은 만족감까지도 충족시켜줄 수 있을까?'라는 의문도 들기 마련이다. 일시정지의 시간 동안 대체로 나는 행복과 만족감을 느꼈지만, 이따금씩 알 수 없는 불안감에 휩싸이기도 했다. '다시 회사로 돌아갔는데 변하지 않은 내 모습을 마주하게 되면 어쩌지?' '이렇게 쉬다가 영영 쉬게 되는 것은 아닐까?' 행복과 불안감 사이에서 아슬아슬하게 외줄을 탔다.

아마 당신도 일시정지의 시간 동안 나와 같은 복합적인 감정을 경험하게 될 것이다. 그럴 때 아래에 제시한 '자기 돌봄 기술'을 실행해보며 정신을 위로해보기 바란다.[42]

### 따뜻한 담요로 몸을 감싼다

혼자서 또는 사랑하는 누군가와 함께 푹신한 담요 속에 몸을 맡겨보라. 아주 어린 아기였던 시절, 나를 감싸주었던 담요라고 생각해보면 편안하고 보호받는 것 같은 기분을 느낄 수 있다.

### 부드럽게 몸을 흔든다

마치 흔들의자에 앉은 것처럼 몸을 앞뒤로 천천히 흔들면 엄청난 평온을 느낄 수 있다. 집에 흔들의자나 그네가 있으면 좋겠지만, 만약 둘 다 없다면 그냥 거실에 양반다리를 하고 앉아 편안하게 몸을 좌우로 흔들어보아도 좋다.

### 인형을 베스트프렌드로 삼아라

나에게 조건 없이 무조건적으로 응원을 보내주는 동물 인형을 만들어라(직접 만들어도 좋고 마음에 드는 인형을 구입해도 좋다). 힘든 일이 있거나 마음이 어지러울 때 바로바로 털어놓을 수 있는 가장 친한 친구가 하나 생기는 셈이다. 다 큰 어른에게 동물 인형을 가지라니 내 말이 다소 미친 소리처럼 들릴 수 있겠지만, 이번만큼은 그냥 미친 척하고 한번 해보기 바란다. 실제로 나는 내 조그만 원숭이 인형 '엘리'를 언제 어디든 데리고 다녔다(심지어는 데이트를 나갈 때조차도). 그리고 몇 년이 지난 지금도 엘리는 나와 함께 일터에 나가고 여행을 다니고 있다.

**단 5분만이라도 기분이 좋아지는 일을 하라**

무엇을 할 때 가장 기분이 좋아지는가? 단 5분만이라도 자신에게 활력을 주는 일을 해보기 바란다. 좋아하는 차나 커피를 만들어보아도 좋고, 노래 한 곡을 틀어놓고 혼자만의 댄스파티를 열어보아도 좋다. 오랜만에 꽃집에 들러 예쁜 꽃을 자신에게 선물하고, 그리운 친구에게 연락을 하며, 누군가를 따스하게 안아주어도 좋다.

## #셋. 나에게 이로운 일과 해로운 일을 구분하라

내 마음을 풍요롭게 만들고, 삶의 의지를 깨우며, 영혼에 생동감을 불어넣는 일은 무엇인가? 반대로 나를 주저하게 만들고, 자신감을 떨어뜨리며, 건강에 도움이 되지 않는 일은 무엇인가? 일시정지의 시간 동안 자신을 위해 할 수 있는 이로운 일과, 결별해야 할 나쁜 습관을 상세히 기록해보라. 나의 경우는 다음과 같았다.

207

### … 나를 풍요롭게 하는 일

오후 3시의 한가로운 티타임

한 달에 한 번 가까운 친구들과 식사하기

나를 도와주는 친구들에게 고민 털어놓기

건강하고 맛있는 요리하기

로맨스 영화 보기

요가, 댄스, 하이킹 등 운동과 몸매 관리

내가 나누고 싶은 일들을 글로 써서 블로그에 올리기


### … 나를 메마르게 하는 일

손톱 물어뜯기

밤새 텔레비전 시청하기

스트레스 받을 때 과소비하기

하루에 한 시간 이상 SNS 체크하기

폭식과 폭음


당신의 목록은 어떠한가? 나처럼 하나씩 항목으로 정리해서 적어
보고, 주기적으로 들여다보며 습관을 관리해야 한다.

## #넷. 해결해야 할 진짜 문제를 파악하라

일시정지는 오랜 시간 미루던 창고 청소를 하거나, 반쯤 쓴 소설을 완성하기 위한 핑곗거리가 아니다. 또 생각 없이 대충 시간을 때운다는 의미도 아니다. 일시정지가 가져다주는 가장 큰 보상은 내면의 자아에 집중하여 당신이 진정으로 원하는 일이 무엇인지를 알게 해준다는 점이다.

지금까지의 삶에서 무엇이 어긋났었는지를 생각해보라. 어떤 벽에 가로막혀 더 발전할 수 없었는지, 일시정지의 기간 동안 그 원인을 파악해보면 무엇을 바로잡아야 하는지를 알 수 있다.

나는 구글을 떠나 있는 동안 내게 맞지 않는 부분이 무엇이었는지를 파악하기로 했다. 그 필요성을 느낀 계기는 마가렛의 상사인 빌과의 면담 자리였다. 그는 내게 이렇게 말했다.

"레이첼, 당신은 그 자리를 내려놓아야 합니다. 마가렛이 당신을 위해 충분히 신경 쓰고 있다는 것을 잘 알고 있습니다. 하지만 당신은 당신이 잘할 수 있는 일을 찾아보아야 합니다."

그는 이 짧은 말로 '남들은 다 알지만 정작 나만 몰랐던 나의 상태'에 대해 정확히 요약해주었다. 만약 그 당시에 내가 빌과의 대화를 심각하게 받아들였다면, 내 문제가 단지 '성과'가 아니었다는 점을 깨달았을 것이다. 내 본질적인 문제는 성과가 아니었다. 내가 있는 자리에서 역량을 최대한 발휘하지 못하고 있다는 것, 즉 어울리지 않는 옷을 입고 있었다는 것이 해결해야 할 진짜 문제였다.

사실 무언가 일이 잘 풀리지 않을 때, 그 상황을 인정하거나 다시 새로운 일을 찾기 위해서는 무척 큰 용기가 필요하다. 자신이 적합한 위치에 있지 않을 때, 우리는 그 상황을 개선하려고 시도하기보다는 눈과 귀를 막고 버티거나 나에게는 문제가 없다며 타협을 하고 만다. 하지만 이는 완전히 잘못된 생각이다. 그런 식의 타협은 오히려 자신에 대한 비하로 이어지기 쉽다.

만약 일시정지의 시간이 주어진다면, 그리고 자신을 둘러싼 문제를 해결하고 싶은 의지가 있다면 외부의 자극을 최소화하고 내면의 목소리에 귀 기울여야 한다. 나를 둘러싼 상황들을 최대한 관찰자의 입장에서 바라보고, 주변에서 들려주던 조언들을 하나씩 곱씹어보며 문제의 본질을 향해 정신을 집중해보아야 한다. 그러면 생각지도 못한 곳에서 해결책이 마구 튀어나올 것이다.

PAUSE STORY

## 과로에 시달리던 의사에서 베스트셀러 작가로

_ 리사 랭킨 Lissa Rankin

...　　　　2006년 남부 캘리포니아에서 산부인과 의사로 일하던 리

사는 삶에 만족감을 느끼지 못했다. 게다가 예상치 못한 의료 사고에 휘말리면서 엄청난 배상금을 물어야 했다. 그녀는 기존의 의료 시스템에 환멸을 느꼈고, 더 이상 자신을 혹사시키면서 진실하지 못한 삶을 살고 싶지 않았다.

........................................................................

**예산** 의료배상보험료 12만 달러와 가족에게 필요한 2년간의 생활비를 마련하기 위해 집을 팔고 퇴직연금을 현금화함

**기간** 2년

**목적** 잃어버린 삶의 의욕과 의지를 되찾기 위하여

**계기** 2주라는 짧은 기간 동안 그녀의 삶을 뒤흔들 만한 엄청난 사건들이 연달아 일어났다. 제왕절개 수술로 딸을 낳았고, 오래 키우던 강아지가 죽었다. 건강하던 남동생이 항생제의 부작용으로 인해 간부전증을 앓았고, 아버지가 돌아가셨다. 그녀는 정신을 부여잡기 위해 다량의 약을 복용할 수밖에 없었다. 마치 삶이 탈선한 기차와 같았고, 계속 일을 하는 대신 사고의 잔해들을 수습할 시간이 필요함을 느꼈다.

**활동** 리사가 진료를 그만두기까지는 꼬박 1년이 걸렸다. 모범생처럼 착실하게만 살아온 그녀에게 일을 그만둔다는 것은 일종의 반란과도 같았다. 심지어 그녀는 자신이 산부인과 의사임에도 출

산 이후 한 달도 쉬지 못한 채 일을 계속했다. 더 깊은 나락으로 떨어지기 전에 뭔가 새로운 방안을 강구해야 했다.

일단 직장을 그만두고 샌디에이고의 집을 판 뒤 가족 모두가 캘리포니아의 몬터레이로 이사를 했다. 전문직 의사였지만, 의료배상보험료를 내느라 아이를 키우기에 재정적인 상황이 좋지 않았다. 각종 청구서들이 쌓여갔지만 쉬어야 한다는 그녀의 의지는 확고했다. 더 이상 자기 자신을 혹사시키는 삶을 지속할 수 없었다. 결국 2년 동안 마음을 추스르고, 글을 쓰고 그림을 그리며 회복의 시간을 가졌다.

**영향** 과거에 리사는 삶의 목적을 완전히 잃은 상태였다. 자신이 왜 세상에 존재해야 하는지도 알지 못했다. 하지만 2년간의 일시정지 이후, 그녀는 마침내 자신이 걷고자 했던 길이 무엇인지를 발견하게 되었다. 심장을 파괴시키던 약물 복용을 중단했고, 초심을 되찾았다. 직업은 그만둘 수 있어도 소명만큼은 그만둘 수 없다는 생각에 다다랐고, 의사로서 어떤 방식으로 다른 사람의 삶에 도움을 줄 수 있는지를 구상했다.

현재 리사는 태평양이 내려다보이는 마린 카운티에 살고 있다. 의사라는 직업을 유지하는 동시에 『치유 혁명』, 『두려움 치유』라는 책을 집필하여 정신적인 질환을 앓고 있는 환자들에게 희망을 주고 있다. 실제로 그녀의 책들은 '뉴욕타임스 베스트셀러'에 오르며 큰 반응을 얻었다. 더불어 그녀는 '통합 건강 의료기구'를 설립하고 강연자로서 활약하고 있다. 약물이 아닌, 정신적인 자가 회복력을 통해 마음의 상처를 치료하는 성스러운 의료에 매진하고 있다.[43]

.........................................................................................

## #일시정지를 위한 조언

### 1. 일시정지는 올바른 답을 내어준다

우리 중 대부분은 억지로 스스로를 바쁜 삶으로 내모는 경향이 있다. 리사 역시 그러한 삶을 살아왔다. 하지만 이제는 완전히 다르다. 마음이 혼란스럽거나 결정에 확신이 없을 때, 더 열심히 일하거나 더 많이 고민하는 것이 좋은 해결책이 아니라는 사실을 잘 알고 있다. 오히려 바쁨에서 벗어나 적게 생각하고 덜 행동할 때 뜻밖의 아이디어가 샘솟고, 올바른 답을 찾을 수 있다.

### 2. 자신에게 쉴 수 있는 권리를 허락하라

일시정지의 시간이 무한하지 않다는 점을 이해하면, 불안감이 상당 부분 해소된다. 스스로에게 쉴 수 있는 권리를 허락하고, 다음 일을 시작하기까지 무작정 서두르지 마라. 당신에게 주어진 시간을 충실하고 알차게 즐기기 바란다.

## #다섯. 삶의 목적을 서약하라

삶의 목적은 궁극적으로 우리가 세상을 살아가야 할 이유다. 즉, 매 순간 의미 있는 삶을 살 수 있도록 이끌어주는 '등대'인 것이다. [44] 일시정지는 당신에게 그 순간의 의미를 발견할 수 있는 마음의 공간을 부여한다. 만약 한 번도 삶의 목적에 대해 생각해보지 않았다면, 일시정지라는 기회를 통해 진지하게 생각해보기 바란다. 그리고 아래에 제시한 '일시정지 서약문'를 작성해 언제든지 떠올려보기 바란다. 나는 일시정지의 시간 동안 매일 아침 이 서약문을 읽었는데, 일시정지가 끝나고 일상으로 돌아온 이후에도 한 달에 한 번씩은 꼭 소리 내어 읽으며 마음을 다잡곤 한다.

나는 일시정지를 통해 내 행동을 변화시킬 것이다.
나는 언제나 옳은 일을 하고 있다고 믿는다.

나는 이번 경험을 통해 내 삶에 더 큰 의미를 부여할 것이다.
오늘부터 내 삶의 목적을 위해 나는 이런 행동을 할 것이다.

∴ 행동 :

나는 일시정지의 시간을 통해 내 삶의 목적이 '누군가를 변화시키는 일'이라는 것을 깨달았다. 언제 어디서든 내 행동이 나 자신과 다른 사람들을 긍정적인 방향으로 변화시키는 동기가 되기를 바랐다. 이 책을 쓰는 일도 그러한 목적을 달성하기 위한 행동 중 하나다.

## #여섯. 일시정지를 일종의 실험으로 여겨라

일상으로부터 한발 떨어져 있는 시간을 하나의 실험, 즉 재충전과 모험을 위한 기회로 여겨라. 이때 중요한 것은 '성장 마인드셋'을 갖추는 것이다. 도전을 두려움이 아닌 즐거움이라고 여긴다면 모든 일이 나에게 도움이 되는 기회로 작용할 것이다.

나는 일시정지의 시간 동안 몇 가지 실험을 진행했다. 그중 하나는 고요함 속에서 마음을 수련하고 단련시키는 일이었다. 내 생각에는 요가가 좋을 것 같았다. 오스틴으로 떠난 첫 번째 단기 여행에서 비크람요가를 배우기로 했다. 약 40도에 육박하는 뜨거운 공간에

215

서 하는 요가였는데, 나는 더위에 지쳐 금세 포기하게 될까 봐 두려웠다. 하지만 의외로 꽤나 커다란 성취감을 느꼈고, 샌프란시스코로 돌아온 이후에도 일주일에 두세 번씩 요가 수업을 듣게 되었다.

또 다른 실험은 아르바이트로 자전거 여행 가이드를 시도해본 일이었다. 나의 강점을 파악하던 중에 내가 '자전거 타기'에 흥미가 있음을 깨달았고, 주말에 임시직으로 와인 농장의 여행 가이드에 지원했다. 이 실험을 통해 나는 지금까지 내가 해본 일 중 가장 재미있고 적성에 맞는 직업을 경험해볼 수 있었다.

이러한 실험들은 내 갈망과 가치관, 열정과 무척 잘 어울렸다. 나는 새로운 사람들을 만나고, 몸을 움직이면서 활동하고, 자전거에 대한 열정을 나누는 일에 정말 큰 흥미를 느꼈다.

이렇게 내 마음속에서 진정으로 원하던 일이었지만 일시정지 이전에는 도전해보지 못했던 일들을 하나씩 시도해보라. 마음속 안내자가 당신에게 어떤 일이 어울리는지를 정확히 찾아줄 것이다.

## #일곱. 모든 일에 '예스'라고 대답하라

성장 마인드셋을 갖추고 가능한 한 많이 '예스'라고 대답하라. 특히 새로운 일에 대해서는 더더욱 긍정의 마인드를 갖추어야 한다. 만약 '오늘은 어려워'라거나 '내가 할 수 있을까?'라는 생각이 들거든, 앞에서 말한 마음 청소나 전기충격 요법을 사용하라. 더 큰 위험이나 기회 앞에서 '예스'라고 말함으로써, 당신의 뇌를 긍정적인 방향으로 훈련시킬 수 있다.

'예스'라는 대답은 성공적인 일시정지를 위한 필수적인 조건이다. 새로운 영역을 탐구하고, 과감히 안전지대를 벗어나게끔 도와주기 때문이다. 과거 같았으면 '노'라고 대답했을 일들을 찾아 '예스'라고 말해보자. 당신이 항상 원해왔던 새로운 활동이나 관심사가 떠오를 것이다.

··· 일주일 중 하루를 골라 그날은 어떤 부탁을 받든 무조건 '예스'라고 대답하라.

··· 항상 꿈꿔왔지만 아직 도전하지 못했던 일들에 대해 '예스'라고 대답하라. 일시정지의 시간 동안 그 일을 어떻게 실행할지 계획을 세워보라.

#### #여덟. 자신의 안전지대를 넓혀라

다음에 소개한 이 그림이 안전지대의 개념을 잘 설명해준다. 우리의 삶에서 마법을 일으키기 위해서는 자신의 안전지대를 넓혀야만 한다는 것을 강력하게 일깨워주는 그림이다.

217

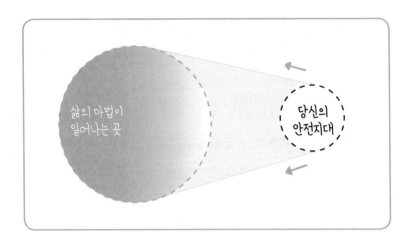

삶의 마법이
일어나는 곳

당신의
안전지대

우리의 변연계는 본능적으로 친숙하고 편안한 안전지대를 좋아하지만, 그렇다고 해서 아예 변화시킬 수 없는 것만은 아니다. 안전지대를 벗어나 뇌가 새로운 경험을 배우면, 위험과 불편함에도 그만큼 익숙해지는 법이다.

일시정지란 안전지대를 떠나 더 큰 위험을 감수하고 기회를 붙잡기에 최상의 시간이다. 이것이 바로 일시정지가 부리는 마법이다. 새로운 경험을 하고 새로운 신경망이 구성되면, 우리는 생동감과 충만함을 느낄 수 있다. 두려움이나 불안감이 느껴지는 것은 당연하다. 그럴 때는 자신을 가로막는 제한적 신념에 전기충격을 가하고, 자신의 갈망을 확인하며, 일시정지를 통해 갈망을 해소시켜야 한다.

당신의 안전지대 밖에 있는 일을 하나 골라 매진해보기 바란다. 성장 마인드셋을 적극적으로 활용해야 한다. 작은 단계부터 순차적으로 하나하나 밟아나간다면, 안전지대가 점차 확대될 것이다. 불편함을 감수하라. 그것은 바로 당신이 배우고 성장하고 있다는 긍정적인 신호다. 이런 일이 일어날 때 당신은 이전에 상상조차 할 수 없었던 새로운 삶을 시작할 수 있다.

나 역시 일시정지의 시간 동안 안전지대를 확대했다. 내 친구 리즈가 나를 살사댄스 레슨에 초대한 적이 있었다. 그때 나는 내가 춤을 추고 무대에 서는 일을 얼마나 좋아했는지 알 수 있었다. 라틴 비트에 몸을 맡기고 살사댄스를 추면서 무한한 기쁨을 느꼈다.

비록 처음에는 불편하기도 하고 남의 시선을 의식해 창피하기도 했지만, 그러한 두려움을 이겨내고 새로운 동작 하나하나를 도전의 기회로 생각했다. 댄스 레슨이 있는 월요일 밤을 기다리는 내 모습을 발견하고는 놀라기도 했다. 미처 알지 못하는 사이에 나는 내 안전지대를 확대하고 살사댄스를 즐기게 된 셈이었다. 그 덕분에 새로운 경험에도 너그러워졌고, 안전지대를 넘어 마법을 발견하는 일이 나에게도 가능하다는 것을 깨닫게 되었다.

# PRACTICE

**❚❚ 질문1.**

일시정지의 시간 동안 당신이 지켜야 할 규칙은 무엇인가? 그 규칙들은 당신의 일상을 어떻게 지켜줄 것인가?

_____

_____

_____

_____

**❚❚ 질문2.**

절실히 원했지만 시도해보지 못했던 일, 즉 당신의 안전지대 밖에 있는 일은 무엇인가? 그 일을 하기 위해 어떤 계획을 세울 수 있는가?

_____

_____

_____

_____

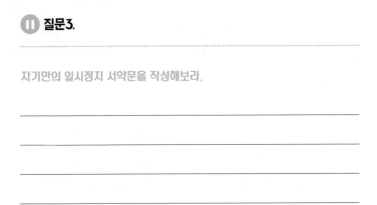

## 질문3.

자기만의 일시정지 서약문을 작성해보라.

_____

_____

_____

_____

# 10장

# 일시정지를 삶의 기술로 삼는 법

내가 다른 사람의 기대를 충족시키기 위해
이 세상을 사는 것이 아니듯,
세상도 반드시 내 기대를 충족시킬 필요는 없다.

- 프리츠 펄스Fritz Perls, 독일의 심리학자

# PAUSE

■ 　　　　세상의 발전이 점점 가속화될수록 일시정지의 중요성 또한 더 커지고 있다. 잠시 멈추어 생각하는 시간이 없다면, 우리는 너무나 바쁜 세상에서 자신이 어디를 향해 가는지, 무엇을 느끼고 무엇을 개선해야 하는지 알지 못한 채 그저 앞만 보고 내달리거나 무작정 자신을 소진시키게 되기 마련이다. 나는 지난 5년 동안 일시정지의 힘과 가르침을 온전히 체득했다. 그리고 내가 배운 깨달음을 과거의 나와 같은 사람들에게 나누어주어야 한다는 사명감을 느꼈다. 그들의 삶에 활력을 불어넣고, 다시 힘을 내어 달릴 수 있도록 도와주고 싶었다.

　당신은 이 책을 통해 일시정지가 단지 숨을 몇 번 들이쉬는 짧은 순간이 될 수도 있고, 몇 달에 걸친 장기 여행이 될 수도 있다는 사실을 이해했다. 당신이 길을 벗어났을 때 일시정지는 마음의 중심을 잡아주고, 영혼과 소통할 수 있도록 도와줄 것이다. 또 올바른 길을 걷고 있다면 그 길을 계속해서 걸을 수 있도록 독려해줄 것이다. 무

225

엇보다도 일시정지는 당신의 삶에 찾아올 새로운 기회에 대비할 수 있게 해주고, 미지의 세계로 나아갈 수 있는 동력이 되어줄 것이다.

## 깨달음을 유지하는 3가지 질문

지금까지 당신은 일시정지를 계획하고, 자신의 마음속에 존재하는 깊은 갈망을 확인했다. 일시정지의 시간을 통해 새로운 통찰을 얻었고, 다른 인생을 살아가기로 마음먹었다. 그런데 일시정지를 끝내고 일상으로 돌아간 후에도 계속 이런 상태를 유지할 수 있을까?

사실 일시정지를 마치고 성공적으로 일상에 복귀했다고 해도 계속 충만한 상태를 유지할 수 있는 것은 아니다. 시간이 지나면 누구나 일시정지를 통해 배운 모든 것을 잊어버리고, 다시 옛날 습관으로 돌아가기 마련이다. 따라서 우리는 다시 일시정지 버튼을 눌러야 할 순간을 맞이할 수도 있다. 하지만 이전처럼 모든 일을 단호하게 중지하고 일시정지 버튼을 눌러야 할 필요는 없다. 이미 성공했던 기억을 되살려 일상생활에 적용하면 되는 것이다.

그렇다면 일시정지로부터 얻은 깨달음을 어떻게 유지할 수 있을까? '일시정지를 통해 무엇을 배웠는가?' '얼마나 성장했는가?' '새로운 삶의 방향이 필요한가?'라는 세 가지 질문에 스스로 답을 해보면 된다.

# #질문1. 무엇을 배웠는가?

일시정지의 시간을 통해 당신은 무엇을 배웠는가? 내가 얻은 가장 큰 깨달음은 '똑같은 일이나 직업으로 돌아간다고 해도, 내 일을 예전과는 완전히 다르게 수행할 수 있다'는 것이었다. 내 강점이 무엇인지를 분명하게 알았고, 직장에서 더 큰 만족감을 얻기 위해 어떻게 행동해야 하는지를 배웠다. 다른 사람들과 더 깊게 연결되고 싶다는 갈망도 확인했다. 또한 나는 내 강점을 최대한으로 활용해 앞으로 맡게 될 역할에서 높은 성과를 내고, 영향력을 발휘하고 싶었다. 탐색의 시간을 가진 결과 '코칭'이 나에게 딱 맞는 일이었고, 이후의 직책을 갖는 데에 많은 도움이 되었다.

만약 일시정지의 시간을 통해 얻은 깨달음이 '가족과 더 많은 시간을 보내야 한다'라는 점이라면, 자신에게 이렇게 되물을 수 있다. '가족과 더 많은 시간을 보내기 위해 어떻게 행동을 변화시킬 수 있을까?' 이를테면 이런 물음이 가능하다.

**일주일에 한 번 온 가족이 함께 모여 식사를 하고 싶다. 이를 위해 직장에서 어떻게 일을 해야 할까? 친구들과의 약속을 어떻게 조정할 수 있을까?**

→ 가정과 직장의 삶을 구분할 수 있는 나름의 경계선을 설정해둔다. 일을 할 때에는 일에만 집중하고, 가족과 시간을 보낼 때에는 스마트폰의 전원을 꺼둔다. 일이 많아서 가족과 시간을 보

내기 어려울 때에는 한 시간 정도 빨리 출근하여 쌓인 업무를 처리한다. 가족과 보내는 시간을 SNS에 미리 공표하여 친구들과의 약속을 피한다.

## #질문2. 얼마나 성장했는가?

성장이란 당신이 배운 깨달음에 따라 '이전과는 다르게 행동한다는 것'을 의미한다. 새로운 취미를 갖게 되었거나, 더 생동감 있고 열정적으로 일을 대한다는 것 모두 '성장'에 포함된다.

일시정지의 시간을 갖기 이전에 나는 SNS를 체크하는 일에 너무 많이 집착했다. 텔레비전을 볼 때나 지루할 때, 침대에 누워서 꾸물거릴 때 이 가벼운 중독에 완전히 빠져들었다. SNS의 소용돌이에 한번 빠져들어 친구의 사진이나 재미있는 영상, 그저 그런 글들을 읽다 보면 눈 깜짝할 사이에 한 시간이 사라지곤 했다. 성장하기 위해, 즉 변화하기 위해 나는 온라인에 소비하는 시간을 확실히 인지해야 했다. 그렇지 않으면 '끝없는 스크롤의 함정'에 빠져 내 삶을 송두리째 날려버릴 것만 같았다. 그래서 몇 가지 규칙을 정했다. 우선 SNS 이용 간격을 6시간으로 정해두고, 한 번 볼 때 5분을 넘기지 않도록 했다. 또 일이 끝날 때까지는 절대 SNS를 켜지 않기로 결심했다.

이제 나는 내가 언제 SNS에 접속하고, 한 번 볼 때 얼마만큼 빠져드는지를 잘 알고 있다. 스스로가 세운 규칙들 덕분에 내게 맞는 시스템을 만들 수 있었다. 물론 SNS의 유혹은 지금도 여전하지만, 과거와 달리 스스로를 제대로 통제하면서 살고 있다.

## #질문3. 새로운 삶의 방향이 필요한가?

나는 3개월간의 휴직 기간 동안 내 강점에 맞는 직업을 찾아야 했다. 그리고 두 달이 지난 시점에 구글로 다시 돌아가기로 결심했다. 내 강점에 어울릴 만한 기회를 그곳에서 찾아보자는 심정이었다. 구글은 경력 성장과 내부 직책 전환을 지원해주는 회사였다. 나는 회사의 시스템을 적극적으로 이용했고, 결국 구글에서 가장 빠르게 성장하는 온라인 광고 제품 중 하나인 '더블클릭 애드 익스체인지'의 회계 담당자로 일하게 되었다(지금은 다시 자리를 옮겨 직원들의 성장에 도움을 주는 코치로 활동하고 있다).

만약 당신이 경력을 전환하기 위해 일시정지의 시간을 가졌고 결국 자리를 옮겼다면, 회사로 복귀한 이후에도 계속 그 자리가 나에게 맞는지를 점검해보아야 한다. 당신은 지금의 회사와 자신의 역할, 또는 업무에 완전히 만족하고 있는가? 자신의 강점을 최대한 살릴 수 있는 일을 하고 있는가? 그 점을 계속 파악해본다면, 앞으로의

229

행보가 더욱 명확해질 것이다.

여기에서 나는 당신의 직업이 당신에게 적합한지를 알아볼 수 있는 몇 가지 질문을 소개하고자 한다. 각각의 항목에 답을 해보고 만족도를 체크한 뒤, 자신에게 필요한 솔루션을 얻어가기 바란다.

## 🌴 직업 적합도 자가진단

#질문1 ··· 회사에서 가장 즐거움을 느낀 업무는 무엇인가?

_____

_____

#질문2 ··· 더 해보고 싶은 업무는 무엇인가?

_____

_____

#질문3 ··· 더는 하고 싶지 않거나, 최소화하고 싶은 업무는 무엇인가?

_____

_____

# 🌴 직업 적합도 평가

당신의 회사와 직업에 대해 만족도를 매겨본다면 어떤 점수를 주겠는가?

#평가1 ⋯ 회사에 대해 얼마나 만족감을 느끼는가?

**매우 불만족 ㅣ 불만족 ㅣ 중간 ㅣ 만족 ㅣ 매우 만족**

#평가2 ⋯ 현재의 직업에 대해 얼마나 만족감을 느끼는가?

**매우 불만족 ㅣ 불만족 ㅣ 중간 ㅣ 만족 ㅣ 매우 만족**


# 🌴 평가 결과 분석

회사 ⋯ **만족 ㅣ 매우 만족**

직업 ⋯ **만족 ㅣ 매우 만족**

축하를 보낸다! 현재 회사는 당신의 가치를 충분히 인정하고 있다. 그러니 지금처럼 성공을 향해 앞으로 나아가면 된다.

**→ 일시정지를 위한 솔루션**

새로운 직업에 대한 탐색이 필요하지 않다. 다만 일시정지를 통해 자신을 성장시킬 만한 기술이나 지식을 한두 가지 더 배워보기 바란다. 스스로 자신의 어깨를 토닥여주어라. 다시 직장으로 돌아와 내려놨던 일들을 그대로 집어들면 된다. 생기를 되찾고 새로운 정신과 목적의식으로 활기차게 일하라.

회사 ··· **만족 | 매우 만족**

직업 ··· **중간 | 불만족 | 매우 불만족**

회사에 어느 정도 만족하고 있지만 그 안에서의 역할은 제대로 수행하고 있지 못한 상태다. 겉으로 보기에는 안정적으로 직장 생활을 하고 있지만, 좀처럼 성과가 나지 않거나 발전하지 못하고 있을 가능성이 높다.

**→ 일시정지를 위한 솔루션**

우선 자신의 강점부터 파악해보라. 동료나 상사에게 의견을 구해보아도 좋다. 책임감과 주인의식을 가지고 무엇이 자신에게 맞지 않는지를 파악해보기 바란다. 혹시 내부적으로 직무를 이동할 수 있는 정책이 있다면, 이를 활용해보는 것도 좋은 방법이다. 자신의 약점을 노출시키는 일에 두려움을 느끼지 말고, 믿을 만한 동료들과 진솔하게 이야기해보기 바란다.


회사 ··· **불만족 | 매우 불만족**

직업 ··· **중간 | 만족 | 매우 만족**

직업을 소명처럼 사랑하지만 회사의 운영 상태나 가치관, 조직의 비효율성에 대해서는 불만을 갖고 있는 상태다.

**→ 일시정지를 위한 솔루션**

현재의 직업이 자신의 강점과 목적에는 부합하지만 회사의 운영 상태나 가치관에는 동의할 수 없다면, 직장 밖에서 새로운 자리를 찾아보기를 권한다. 의식 있는 직원으로서 자신이 생각하는 바를 명확히 표현하고, 갈망에 부합하는 자리를 찾아야 한다. 모호한 상태로 놔두거나 아무것도 하지 않은 채 소극적으로 대처하기보다는, 무언가 행동을 취해보라고 이야기하고 싶다. 어떤 결정을 하든 지금보다는 더 큰 만족을 느낄 것이다. 여러 번 말했지만 인생은 정말 짧다. 매일매일을 최대한 활용하기에도 시간이 부족하다. 세상에는 훌륭한 회사가 많으며, 자신의 안전지대를 벗어날 때 삶의 마법이 펼쳐질 것이다.

회사 ··· **불만족 | 매우 불만족**

직업 ··· **불만족 | 매우 불만족**

자신의 강점과 목적이 현재 다니고 있는 회사와 직업에 전혀 부합하지 않는다. 무언가 커다란 변화가 필요하다는 신호다.

### → 일시정지를 위한 솔루션

새로운 직업을 찾기에 앞서 자신에게 물어보라. '현재 직업에 만족하기 위해 내가 할 수 있는 모든 시도를 다 해보았는가?' 이 시도에는 자신의 행동에 책임지기, 상사와 진솔하게 대화하기, 자신의 역할에 최선을 다하기 등이 모두 포함된다. 할 수 있는 일을 다 해보았는데도 만족하지 못한다면, 질질 끌 필요가 없다. 자신을 위해 더 나은 선택이 무엇인지 살펴보고, 적극적으로 변화를 시도해야 한다.

233

# 지속적인 변화를 위한 여정

일시정지는 삶의 변화를 이끄는 통로이자 촉매제다. 그리고 나는 일시정지를 통해 내 삶을 계속 진화시키는 여정을 시작했다. 삶의 순간순간마다 일시정지를 실천하고, 긍정적으로 스스로를 변화시키면서 만족을 느끼고 있다. 그 기쁨의 여정을 지속하기 위해 주디스 라이트와 밥 라이트 부부가 창안한 '변화의 여섯 가지 기술'을 적용하고 있다.[45]

아래에 소개한 이 기술은 우리의 삶을 최선으로 이끌어주는 도구이자, 최고의 자원이다. 여섯 단계의 질문과 대답을 통해 내면의 목소리를 듣고 사명에 더 가깝게 다가갈 수 있다. 다만 여기에서 핵심은 '당신의 가장 깊은 욕구를 계속 갈망하고 만족시켜야 한다'는 것이다. 매 순간 내 인생을 면밀하게 살펴보고 지속적으로 일시정지를 실행한다면, 삶이 더욱 충만하게 변화할 것이다. 아래 여섯 가지 기술을 당신도 꼭 따라 해보기 바란다.

## 1. 갈망하라

당신은 무엇을 갈망하는가? 일시정지는 당신의 갈망을 정확히 인지하게 하고, 가능성을 제한하는 부정적인 신념을 제거할 수 있도록 도와준다.

## 2. 행동하라

깊은 갈망으로부터 발현되는 '욕구'에 민감하게 반응하라. 근원적인 갈망을 충족시키는 행동을 찾아서 실행해야 한다. 감정을 적극적으로 표현하고, 다른 사람에게 자신이 어떻게 보이는지를 물어라. 내 경우에는 구글에 휴직 신청을 한 일이 '행동'의 한 방법이었다.

## 3. 인지하라

자신의 경험을 통해 무엇을 배웠는가? 그리고 그러한 깨달음은 내 삶을 어떻게 변화시킬 수 있는가? 잘못된 생활 습관과 삶의 방식, 기존의 법칙이나 제한적 신념 등 이제껏 당신이 쌓아올린 부정적인 상자 속에 더 이상 갇혀 살지 마라. 성장 마인드셋을 장착하면, 이 모든 것을 변화시킬 수 있다.

## 4. 벗어나라

다르게 생각하면 다르게 행동할 수 있다. 그리고 그 다른 행동이 당신을 해방시킨다. 자신의 안전지대를 벗어나 새로운 도전에 뛰어들어보라. 내면의 갈망과 다른 사고방식, 이전과는 다른 행동을 통해 어떤 새로운 일이 가능해졌는가? 위험을 무릅쓸 용기를 가져야 한다. 그럼으로써 새로운 습관과 규칙을 만들고, 앞으로 닥칠 두려움에 효과적으로 대응할 수 있게 된다.

### 5. 판을 새로 짜라

판을 새로 짠다는 것은 다르게 생각하고 행동함으로써 새로운 신경 통로를 만든다는 뜻이다. 일시정지의 결과로 생각과 행동을 변화시킴에 따라 당신의 신경 회로가 완전히 변화하는 것이다. 이 과정이 반복되면 일시적인 변화가 장기적으로 유지될 수 있다.

### 6. 전념하라

일시정지를 삶의 방식으로 받아들여라. 내면의 목소리에 계속해서 귀 기울이면, 자신에 대한 깊은 깨달음을 오랜 시간 유지할 수 있다. 나는 '누군가의 삶을 변화시키고 싶다'는 갈망을 깨닫고 '일시정지'에 관한 책을 씀으로써, 다른 사람들이 보다 만족스러운 삶을 살 수 있도록 돕고 있다. 지금도 나는 더 많은 사람이 일시정지의 힘을 이용해 성장을 이루고, 자신의 갈망을 발견하며, 긍정적으로 변화할 수 있도록 돕는 일을 삶의 최우선순위로 삼고 있다.

## 멈추면, 비로소 답이 보인다

20세기의 실존주의 시인 라이너 마리아 릴케Rainer Maria Rilke는 "그것을 받아들이고 살면 마침내 스스로 답을 얻게 되리라"라는 자신만의 만트라Mantra(깨달음의 지혜를 획득하기 위해 외우는 신비적인 위력을 가진 언사)를 통해 미지의 세계에 멋지게 발을 들였다. 그는 『젊은 시인에게 보내는 편지』라는 책에서 우리에게 모든 것을 파악할 필요는 없다는 점을 상기시킨다. 그보다는 인생을 즐기면서 문제가 스스로 풀리도록 놔두는 것이 낫다고 말한다.

> "선생님, 저는 이렇게 간청합니다. 마음에서 해결되지 않는 문제들에 인내심을 가지고 그 문제들 자체를 사랑하도록 노력해보시라고. 마치 잠긴 문이나 외국어로 쓰인 책처럼 대하라는 겁니다. 구태여 지금 주어지지 않는 답을 찾으려 하지 마세요. 그리고 그 모든 것을 안고 살아가는 겁니다. 지금 주어진 질문들과 함께 살아가세요. 그러다가 미래의 어느 날, 알지도 못하는 사이에 답이 당신의 삶에 찾아올 겁니다."[46]

릴케의 말대로 당신 자신이 곧 '인생의 해답'이 되도록 살아라. 우리 대부분은 모든 것을 파악해야 직성이 풀리곤 하지만, 굳이 모든 문제의 답을 알아야 할 필요는 없다. 일시정지의 실천이야말로 문제가 자연스럽게 풀리도록 만드는 가장 좋은 방법이다. 당신이 변화하면 당신을 괴롭히던 문제도 바뀔 테니까.

# PRACTICE

**❚❚ 질문1.**

................................................................

일시정지로부터 당신이 얻은 가장 큰 깨달음은 무엇인가?

_____

_____

_____

이 내용을 포스트잇에 메모하고, 냉장고와 현관 또는 화장실 거울에 붙여두어라. 매일 그 메모를 읽으면서 일시정지 이후 어떻게 행동하고 생각해야 하는지에 대해 자문하는 시간을 가져야 한다.

**❚❚ 질문2.**

................................................................

일시정지의 결과, 당신은 어떻게 변화했는가?

_____

_____

_____

긍정적으로 변화한 자기 자신에게 축하를 보내라. 그리고 어떻게 해야 변화를 유지할 수 있는지에 대해서 깊게 고민해보기 바란다.

**Ⅱ 질문3.**

변화한 지금의 삶에 얼마만큼 만족하고 있는가?

_____

_____

_____

몸과 마음의 건강 상태, 회사와 업무에 대해 얼마나 만족을 느끼고 있는가? 혹시 변화한 자신의 모습에 만족하지 못한다면, 어떤 방식으로 다시 일시정지를 계획할 수 있겠는가?

참고자료

1 "2011 employee benefits report." Society for Human Resource Management (SHR M) Online. 2011. www.shrm.org/Research/SurveyFindings/Articles/Documents/2011_Emp_Benefits_Report.pdf (accessed July 7, 2006).

2 Wright, Bob. "AC72 Leadership Master's Capstone Discussion." Lecture. Wright Graduate University, Elkhorn, WI. July 10, 2016.

3 Wright, Judith, and Bob Wright. 2016. The Heart of the Fight: A Couple's Guide to Fifteen Common Fights, What They Really Mean, and How They Can Bring You Closer. Oakland, CA: New Harbinger, 64.

4 Wright, Judith, and Bob Wright. 2013. Transformed! The Science of Spectacular Living. Nashville, TN: Turner, 31.

5 Wright and Wright, The Heart of the Fight, 77.

6 Wright, Judith. 2006. The Soft Addiction Solution: Break Free of the Seemingly Harmless Habits That Keep You from the Life You Want. New York: Jeremy P. Tarcher/Penguin.

7 Campbell, Joseph. 1972. The Hero With a Thousand Faces. Princeton, NJ: Princeton University Press.

8 Durst, Gary Michael. 1982. Management by Responsibility. Evanston, IL: G. M. Durst.

9 Frankl, Viktor E. 2006. Man's Search for Meaning. Boston: Beacon Press.

10 Brown, Brené. 2015. Rising Strong. New York: Spiegel and Grau, 85–88, 218.

11 Dweck, Carol S. 2006. Mindset: The New Psychology of Success. New York: Random House.

12 Klauser, Henriette Anne. 2000. Write It Down, Make It Happen: Knowing What You Want—And Getting It! New York: Scribner.

13 "VSL: SCIENCE: The two-minute plan for feeling better." Observer, March 2, 2009. http://observer.com/2009/03/effects-brief-writing-health/ (accessed July 12, 2016).

14 Niemiec, Ryan M. "5 key tips for finding happiness at work." Psychology Today, March 6, 2015. www.psychologytoday.com/blog/what-matters-most/201503/5-key-tips-finding-happiness-work (accessed July 8, 2016).

15 Sethi, Ramit, and Jeff Kuo. "Earn $1000 on the side." Module 1 lesson 2. Pick your field. Earn1k.com. http://earn1k.com (accessed July 4, 2016).

16 Schnarch, David Morris. 2012. Passionate Marriage: Keeping Love and Intimacy Alive in Committed Relationships. Brunswick, Victoria, Australia: Scribe.

17 Online Etymology Dictionary, s.v. "busy." www.etymonline.com/index.php?allowed_in_frame=0&search=busy (accessed July 4, 2016).

18 Merriam-Webster Online Dictionary, s.v. "busy." www.merriam-webster.com/dictionary/busy (accessed July 4, 2016).

19 Jabr, Ferris. "Why your brain needs more downtime." Scientific American. Oct. 15, 2013. www.scientificamerican.com/article/mental-downtime/.

20 Wright and Wright, The Heart of the Fight, 105, 108.

21 Bowlby, John. 1988. A Secure Bbase: Clinical Applications of Attachment Theory. London: Routledge.

241

22 Wright and Wright, Transformed!, 4.

23 Cozolino, Louis J. 2006. The Neuroscience of Human Relationships: Attachment and the Developing Social Brain. New York: Norton, 307.

24 Ericsson, K. A., R. T. Krampe, and C. Tesch- ömer. 1993. "The role of deliberate practice in the acquisition of expert performance." Psychological Review 100, vol. 3, 393–94.

25 Wright, Bob. "AC72 leadership and AC42 purposeful living group discussion." Lecture. Wright Graduate University, Elkhorn, WI. July 9, 2016.

26 Ibid.

27 "Paid time off programs and practices." WorldAtWork.org. June 2016, www.worldatwork.org/waw/adimLink?id=80292 (accessed July 5, 2016).

28 Shen, Lucinda. "These 19 great employers offer paid sabbaticals." Fortune.com. http://fortune.com/2016/03/07/best-companies-to-work-for-sabbaticals/ (accessed July 6, 2016).

29 O'Meara, Rachael. "Unpaid leave survey." Google Consumer Surveys. Dec. 8, 2015.

30 Kallayil, Gopi. 2015. The Internet to the Inner-net: Five Ways to Reset Your Connection and Live a Conscious Life. Carlsbad, CA: Hay House.

31 Ram Dass. 1971. Be Here Now, Remember. San Cristobal, NM: Lama Foundation.

32 Meeker, Mary, and Liang Wu. "2013 Internet trends." KPCB. com. www.kpcb.com/blog/2013-internet-trends (accessed July 4, 2016).

33 Enoch, Glenn. "The Nielsen total audience report Q1 2016." Nielsen.com. www.nielsen.com/content/dam/corporate/us/en/reports-downloads/2016-reports/total-audience-report-q1-2016.pdf (accessed July 4, 2016).

34 "The U.S. digital consumer report." Nielsen.com. Feb. 2, 2014. www.nielsen.com/us/en/insights/reports/2014/the-us-digital-consumer-report.html

(accessed July 4, 2016).

35 Ibid.

36 Wright, The Soft Addiction Solution, 64.

37 Oxford Dictionaries, s.v. "digital detox." www.oxforddictionaries.com/us/definition/american_english/digital-detox (accessed July 4, 2016).

38 Shlain, Tiffany. 2012. Brain power: From Neurons to Networks. n.p.: TED Conferences.

39 Huffington, Arianna. 2014. Thrive: The Third Metric to Redefining Success and Creating a Life of Well-being, Wisdom, and Wonder. New York: Harmony, 6.

40 Ibid., 81.

41 Hill, Simon. "Is blue light keeping you up at night?" Digital Trends. July 26, 2015. www.digitaltrends.com/mobile/does-blue-light-ruin-sleep-we-ask-an-expert/#ixzz3uEtzwHFZ (accessed July 4, 2016).

42 Wright, Judith. "Nourishment and self-care techniques." Discussion. Year of Transformation Nourishment and Self-care Weekend, Wright Foundation, Chicago. July 30–31, 2016.

43 Rankin, Lissa. "About me in 30 seconds." Lissarankin.com http://lissarankin.com/about/ (accessed Sept. 24, 2016).

44 Wright, Bob. "Living with purpose." Wright Foundation. Year of Transformation Week 8 Handout. June 19, 2013.

45 Wright and Wright, Transformed!, 31–33.

46 Rilke, Rainer Maria, Franz Xaver Kappus, and Joan M. Burnham. 2000. Letters to a Young Poet. Novato, CA: New World Library.

# 퍼즈

**초판 1쇄 발행** 2017년 11월 16일
**초판 2쇄 발행** 2017년 12월 8일

**지은이** 레이첼 오마라
**옮긴이** 김윤재
**펴낸이** 김선식

**경영총괄** 김은영
**기획편집** 임보윤 **디자인** 이주연 **책임마케터** 최혜령, 이승민
**콘텐츠개발1팀장** 한보라 **콘텐츠개발1팀** 임보윤, 이주연, 박인애, 전은혜
**마케팅본부** 이주화, 정명찬, 이보민, 최혜령, 김선욱, 이승민, 이수인, 김은지, 배시영, 유미정, 기명리
**전략기획팀** 김상윤
**저작권팀** 최하나
**경영관리팀** 허대우, 권송이, 윤이경, 임해랑, 김재경, 한유현

**펴낸곳** 다산북스 **출판등록** 2005년 12월 23일 제313-2005-00277호
**주소** 경기도 파주시 회동길 357 3층
**전화** 02-702-1724(기획편집) 02-6217-1726(마케팅) 02-704-1724(경영관리)
**팩스** 02-703-2219 **이메일** dasanbooks@dasanbooks.com
**홈페이지** www.dasanbooks.com **블로그** blog.naver.com/dasan_books
**종이** (주)한솔피엔에스 **출력·제본** (주)갑우문화사

**ISBN** 979-11-306-1489-2 (03190)

다산북스(DASANBOOKS)는 독자 여러분의 책에 관한 아이디어와 원고 투고를 기쁜 마음으로 기다리고 있습니다.
책 출간을 원하는 아이디어가 있으신 분은 이메일 dasanbooks@dasanbooks.com 또는 다산북스 홈페이지 '투고원
고'란으로 간단한 개요와 취지, 연락처 등을 보내주세요. 머뭇거리지 말고 문을 두드리세요.